Marguerite Duras
Der Lastwagen

Mit einem Gespräch zwischen Marguerite Duras und Michelle Porte

Aus dem Französischen von Jürg Laederach

Suhrkamp

Titel der französischen Originalausgabe: *Le camion*
Umschlagfoto: Wolfgang Krolow

suhrkamp taschenbuch 1349
Erstausgabe
Erste Auflage 1987

Satz: Hümmer GmbH, Waldbüttelbrunn
Druck: Ebner Ulm
Printed in Germany
Umschlag nach Entwürfen von
Willy Fleckhaus und Rolf Staudt

1 2 3 4 5 6 – 92 91 90 89 88 87

Der Lastwagen

TITELMELODIE

TOTALE: *Es geht los auf der Nationalstraße 12 in Pontchartrain (Yvelines). Ankunft an einem Platz. Dort steht der Lastwagen. Marke Saviem, Gewicht 32 Tonnen. Blau. Mit Anhänger. Der Motor läuft nicht.*

EIN STRASSENKREISEL IN DER INDUSTRIEZONE VON PLAISIR. *Rundherum eintöniges Gelände. Wohnwagen.*
In der Ferne die M.H.S. (Massenhochhaussiedlung).
Dort steht der Lastwagen. Motor auf den Betrachter gerichtet. Er startet. Er fährt auf uns zu, biegt dann vor der Kamera ab. Seine Räder fahren über den Bildschirm. Er verschwindet. Kommt beim Kreisel wieder zum Vorschein. Verschwindet. Kreuzung leer.
Der Film hat begonnen.

INDUSTRIEZONE VON TRAPPES *(Yvelines). Seitliche Kamerafahrt. Baustellen. Ausgehobenes Erdreich. Wellblechhütten. Dann Bäume, durch sie hindurch Sicht auf das entfernte Saint-Quentin-en-Yvelines.*
Marguerite Duras' *Stimme im Off*

Es wäre auf einer Straße am Meeresufer gewesen.
Sie wäre über eine große leere Hochebene gegangen.
Pause
Und dann wäre ein Lastwagen gekommen.
Er wäre langsam durch die Gegend gefahren.
Weißer Himmel. Winter.

Auch ein leichter Nebel, ein sehr leichter, überall auf den Feldern sitzend, auf dem Boden.

*Stille. Dann Musik.**
Ein dunkler, geschlossener Raum. Die Vorhänge gezogen. Die Lampen brennen. Teppich. Spiegel. Es handelt sich um einen Aufenthaltsraum. Durch einen weißen Vorhang dringt Tageslicht. Also ist der Raum gegen das Licht abgedunkelt. Ein runder Tisch in der Mitte des Raumes. Zwei Personen, am Tisch sitzend: Gerard Depardieu und Marguerite Duras. Auf dem Tisch Manuskripte. Die Geschichte des Filmes wird also abgelesen. Sie werden die Erzählung lesen.
Die Umgebung des Raums sieht man erst, wenn die Nacht hereingebrochen ist.
Im Verlauf des Films ändert sich der Hintergrund, aber nur im Inneren desselben Raums. Die Gegenstände: Tisch, Lampen, werden anderswo stehen. Aber das Licht bleibt dasselbe. Ebenso die Art des Lesens, man blättert die Seiten von Hand um. Diesen Raum kann man DUNKLES ZIMMER *oder Lese-Raum nennen.*
Mit Ausnahme des ›Off‹ spielt der ganze Film an diesem Ort.
Für den Einsatz der Musik in diesem Film werden keine eigenen Regieanweisungen gegeben. Die Unfähigkeit des Textes, ihr Erklingen zu fassen, soll bestehen bleiben.
Da fängt denn DAS DUNKLE ZIMMER *an:*
G.D.
Das ist ein Film?

* Das Wort bezeichnet drei Diabelli-Variationen von Beethoven. Oder das Diabelli-Thema selbst.

M. D.

Es wäre ein Film gewesen.

Pause

Ja, das ist ein Film.

Pause

Der Lastwagen wäre verschwunden. Und er wäre dann wieder erschienen.

Man hätte das Meer gehört, weit weg, aber sehr laut.

Und dann hätte am Straßenrand eine Frau gewartet.

Sie hätte gewunken. Man hätte sich ihr genähert.

Die Frau ist nicht mehr jung. Städtisch gekleidet.

Pause

Sehen Sie?

G. D.

Ja. Ich sehe.

M. D.

Weit und breit wohnt niemand.

Sie trägt einen Koffer.

Sie steigt in den Lastwagen.

Der Lastwagen fährt wieder an.

Und wir verlassen das Meeresufer.

G. D.

In was für einer Landschaft befinden wir uns?

M. D.

Gleichgültig;

Beauce, gegen Chartres zu, vielleicht.

Oder womöglich in den Gastarbeiterstädten von Yvelines.

INDUSTRIEZONE VON TRAPPES

Musik (Diabelli-Thema)

Seitliche Kamerafahrt.

Unablässige Folge von Lagerhallen, Großraummärkten, Reklameschildern. Im Vordergrund vorbeifahrende Lastwagen.

M. D.*s Stimme im Off*

Da hätte sie mit der Betrachtung der Landschaft angefangen,
das Meer, weit weg,
die Straße,
der weiße Himmel,
die Kälte,
ganz verschiedene Dinge.
Und dann singt sie.
Beim Aufhören der Fahrt:
Stille

DAS DUNKLE ZIMMER

M. D.

Man hätte die Führerkabine des Lastwagens gesehen. Sie ist dunkel.
Der Chauffeur und die Frau, die zugestiegen ist, schweigen. Ihr Zusammenkommen ist willkürlich, unvereinbar.
Pause
Sehen Sie?

G. D.

Ja. Ich sehe.

M. D.

Sie haben die Straße vor sich. Diese Straße bohrt sich in ihre Augen.
Pause
Musik wäre erklungen.
Und man hätte gesehen, daß die Musik im Film aus

dem Radio des Lastwagens gekommen wäre.

Pause

Außen wäre das Licht heller gewesen als innen, fast wie bei Schnee.

Pause

Der Fahrer und die Frau hätten das Licht außen betrachtet, die Straße, die leeren Felder, den Boden, lange.

Pause

Man hätte gesehen, daß auf dem Klappbett über dem Kabinensitz des Lastwagens eine dunkle Masse lag: ein Mann. Es ist der zweite Fahrer des Lastwagens. Er schläft. Er hätte während des ganzen Films geschlafen.

Pause

Die gemeinsame Lage zwischen Fahrer und Frau ist folgende: er übt seinen Beruf aus, und sie wird von ihm befördert: aber beide haben die Straße vor sich. Sehen Sie?

G. D.

Ich sehe.

M. D.

Ihnen beiden gemeinsam, diese Straße, diese Landschaft. Um sie herum diese Kälte, diese Wüstenei, der Winter.

Stille

Keine Textprobe wäre vorgesehen gewesen.

Stille

G. D.

Redet sie?

M. D.

Ja. Sie wird reden.

G. D.

Pause

Wer ist sie?

M. D.

Sozial gar nicht mehr erfaßbar. Deklassiert.

Pause

Sehen Sie?

G. D.

Ja.

Pause

M. D.

Das einzige, was sie gemeinsam haben, ist eine gewisse Gewaltsamkeit des Blickes. Bei dieser Leere vor ihnen, diesem kahlen Winter, dem Meer.

Pause

Die Stille am Anfang des Films hätte die erste Beziehung zwischen den Figuren bedeutet.

Entfernte Beziehung, fast gleichgültig, maschinell.

Das wäre so etwas wie die Einrichtung einer noch kommenden Beziehung gewesen.

G. D.

Wird es eine Beziehung geben?

M. D.

Pause

Vielleicht nie.

G. D.

Pause

Was glauben Sie?

M. D.

Pause

Nie.

INDUSTRIEZONE VON TRAPPES. *Seitliche Kamerafahrt. Fortsetzung der ersten Fahrt. Unablässige Folge von Lagerhallen, Großraummärkten, Reklameschildern. Im Vordergrund vorbeifahrende Lastwagen.*
Musik.
M. D.*s Stimme im Off*
Hier hätte sie zu reden angefangen.
Reden über das, was sie sieht, draußen.
Sie sagt: Was man da alles sieht...
So viel...
Man schafft es nicht... finden Sie nicht?
Er gibt keine Antwort.
Stille
Sie schließt die Augen.
Sie redet weiter.
Sie sagt: Glauben Sie nicht, daß ich schlafe.
Ganz im Gegenteil.

DAS DUNKLE ZIMMER
M. D.
Man hätte den Film rasch drehen müssen, sag ich Ihnen... Bloß nicht so lange trödeln.
Sich schleppen.
Er hätte nicht teuer sein sollen. Allein schon seine Art hätte eine einfache Ausstattung nahegelegt.
Pause
Wir haben ihn in Schwarzweiß gesehen.
Pause
Ich lese folgendes:
Jetzt fängt sie an vor sich hinzusingen.
Sie sieht immer gerade vor sich hin.
Draußen noch immer die erhabene Kahlheit der Hü-

gel von Beauce.
Oder vielleicht:
Erhabene Wüste eines Bodens, der eingewandert ist.
Pause
Sie redet. Sie sagt:
Man kann eigentlich nicht sagen, das seien Hügel, eher eine Wölbung des Bodens... fast nicht... schauen Sie... wie etwas leicht Aufgeblasenes, durch inneren Druck... Wasser, vielleicht, Seen... die Ausgänge suchen... Quellen... wo sie austreten können ... hinausfließen, gewissermaßen...
Pause
Erstaunlich, wie die Erde ihren Aufbau umkehren will. Überall. Daß ihr Inneres jetzt umgekehrt zu ihrem Äußeren wird...
Da steckt man in einer noch kaum sichtbaren Bewegung, die gerade angefangen hat.
Pause
Sehen Sie: alles hat stillgestanden, während... gerade in dem Augenblick... wo der Schlaf aufgehört hat...
Stille

G.D.

Was glauben Sie?

M.D.

Pause
Wie Sie: Jede Revolution unmöglich.
Pause
Schauen Sie. Sie redet weiter.
Pause
Sie sagt:
Schauen Sie: Das Ende der Welt.

G. D.

Worauf zeigt sie?

M. D.

Pause

Sie zeigt aufs Meer.

NACHT. AUSGEHOBENE ERDHÜGEL. *Unbestimmte Gegend, in der Ferne von den riesigen Wohnblöcken für Gastarbeiter umschlossen. Kein Baum. Wüste. Im Zentrum der Wüste ein Supermarkt der »Auchan«-Kette, erleuchtet: mehrere Hektar Verkaufsfläche.*

M. D.*s Stimme im Off*

Sie hätte aufs Meer gezeigt.
Pause
Sie sagt: Schauen Sie: Das Ende der Welt.
Die ganze Zeit.
In jedem Augenblick.
Überall.
Es weitet sich aus.
Sie sagt: Ja, es ist besser so.
Es war so schwierig ... so ... anstrengend ... so ...
Es ist besser so.
Paßt mir besser.
Es hat sich nicht gelohnt, glaub ich, ich ...
Pause
Sie sagt: Früher kam das Meer noch bis hierher, da.
Da, sehen Sie.
Da.
Pause
Er sagt: Wovon reden Sie eigentlich?
Sie sagt: Ich rede.
Pause

Sie singt.
Sie schließt die Augen und singt.

DAS DUNKLE ZIMMER

M. D.

Sie hätte von mancherlei geredet, von der geographischen Lage der durchquerten Ortschaften, vom Ende der Welt, vom Tod, von der Einsamkeit der Erde im Planetensystem, von den neuen Entdeckungen über den Beginn der Menschheit.

Diese Reden seien nie aus genauer Kenntnis des aufgeworfenen Problems gehalten worden. Sie hätte Fehler – manchmal riesige – in ... Wissenschaft, Geographie, in den neuesten Entdeckungen der Astronomie gemacht.

INDUSTRIEZONE VON VERRIÈRES *(Saint-Quentin-en-Yvelines). Seitliche Kamerafahrt. Eine Lastwagenfabrik. Dann kahler Grund, dann, in der Ferne, ein Wald. Musik.*

M. D.*s Stimme im Off*

Der Lastwagen ist auf eine Straße mit dichtem Verkehr abgebogen.
Sie redet vom Mars.
Sie sagt: Haben Sie gesehen? Auf dem Mond, nichts.
Auf dem Mars, nichts.
Saturn, nichts.

Nur tote Gebiete, klinisch rein, unfruchtbarer Boden.
Er sagt: Auf dem Mars ... nichts?
Sie sagt: Richtig, ich täusche mich. Auf dem Mars hat man etwas gefunden ...
Sie sagt: Wind und Steine.

Pause
Sie sagt: Das ist die neue politische Lage der Menschheit.
Er fragt:
In bezug auf Gott?
Sie sagt: Ja.
In bezug auf die Leere.
Sehen sie.

DAS DUNKLE ZIMMER
G. D.
Was meinen Sie, wie geht das aus?
Pause
M. D. *(lächelnd)*
Vielleicht ist es aus.
Auf Hörebene der beiden: Musik (Diabelli-Thema). Sie warten, bis die Musik aufhört...
G. D. *(heiter)*
Also, Sie sagten... es sei... ein Lastwagen... am Meeresufer?...
M. D. *(heiter)*
Ja... genau... ein leichter Nebel, überall... auf den Feldern sitzend...
G. D.
Ja... Felder... die Straße... sie geht über eine kahle Hochebene und der Lastwagen fährt vorbei... was?
M. D.
Genau.
G. D.
Genau, genau... er fährt durch alles durch... das Meer, man hört ihn... den Lärm des Meeres... weit weg... laut...

M. D.

…Entsetzlich… ja… entsetzlich… der Wind… niemand kann dem Wind etwas entgegensetzen…

Stille. Das Sehen macht Spaß

G. D.

Was sagt die Frau, die zugestiegen ist?

M. D.

Sie sagt: Soll die Welt zugrunde gehen, das ist die einzige Politik.

G. D. *und* M. D. *(zusammen)*

Soll-die-Welt-zugrunde-gehen-das-ist-die-einzige-Politik…

Stille

G. D. *und* M. D. *(fröhlich)*

Genau…

Stille

MEHRERE GENAU GLEICHE NEUERBAUTE WOHNBLÖCKE HINTEREINANDER, *Siedlung in Plaisir (Yvelines). Weiß. Gleichförmig. Dreieckige Balkone. In der Ferne die ausgehobenen Hügel der Industriezone. Markierter Fußgängerübergang. Man hält an: Nichts. Kurve. Dann eine gerade Straße. Nichts.*

Musik.

G. D.*s Stimme im Off*

Und was sagt die Frau weiter?

M. D.*s Stimme im Off*

Sie sagt: Alles hängt mit allem zusammen.
Überall.
Immer.
Zur gleichen Zeit.

Stille

Ende der Kamerafahrt. Halt auf markiertem Fußgängerübergang.

M. D.*s Stimme im Off*

Überall.
Immer.
Zur gleichen Zeit.
Da ist es, vor uns auf der Leinwand.
Das glaube ich selber.
Er fragt:
Welche Leinwand?
Sie sagt:
Da, vor uns:
Die Straße.

DAS DUNKLE ZIMMER

M. D.

Sie redet weiter.
Sie sagt: Wir werden niemals ankommen...

G. D.

Wo?

M. D.

Also...
Stille
Das glauben Sie doch auch? Niemals...?

G. D. *(stimmt dem nicht weiter Ausgeführten zu)*

Das heißt... vielleicht haben Sie recht...

M. D.

Sie sagt: Es ist so... entsetzlich... so anstrengend... so anstrengend... so heißt es richtig, glaube ich...

G. D.

Ja... glaube ich...
Stille

M. D.

Wollen Sie eine Zigarette?

G. D.

Kommt auf die Marke an …

M. D.

Ich rauche nur Gauloises Bleues …

Stille

Und Sie?

G. D.

Ich Stuyvesant *(spricht den Namen auf französisch aus)* … na ja, eine Frage der Gewohnheit …

M. D.

Pause

Stimmt.

INDUSTRIEZONE VON TRAPPES. *Seitliche Kamerafahrt. Ausgehobene Erdhügel. Betonmischmaschinen. Wohnblöcke im Bau, gähnend weit offen. Dann Bäume, hinter ihnen, in der Ferne, Saint-Quentin-en-Yvelines. Musik.*

M. D.*s Stimme im Off*

Hier hätte sie von sich selber zu reden angefangen.
Hätte sie zum erstenmal gesagt, sie erkenne …
erkenne wieder, was sie sehe …
diese Straße …
diese Gegend …
diese Häuser,
diese Menschen …
diese Art zu leben …
diese Farbe …
diese Kälte …
Er spricht.

Er sagt: Sie lügen.
Hier hat nie jemand gewohnt.
Sie sagt: Stimmt... aber...
Er wiederholt: Sie lügen.
Pause
Sie schweigt.

DAS DUNKLE ZIMMER
G.D.
Was sagt sie, die Frau?
M.D.
Sie sagt die Worte: Proletariat... Arbeiterklasse...
Sie sagt: Jetzt können sie ihre Ausbeuter beim Namen nennen... ihre Unterdrücker... lesen... schreiben...
G.D.
Früher konnten sie weder lesen noch schreiben. Jetzt können sie lesen und schreiben. Was sie wissen, ist beträchtlich, gemessen an ihrem Schicksal.
M.D.
Ja, was sie über sich selber wissen, ist beträchtlich...
Sie sagt: Welch ein Fortschritt...
Fest.
Blendend.
Festgenagelt.
Tot.
Pause
Sie sagt:
Das Proletariat muß verschwinden, und das will es nicht.
Stille. Kamerafahrt nach vorn auf die beiden zu.
M.D.
Ja, früher mal, als ich jung war...

G. D.

Hiroshima... Hiroshima...

M. D.

Ja. Sie hat aus Liebe sterben wollen.

G. D.

Sie ist vor Liebe gestorben.

M. D.

Ja.

Pause

Und dann hat sie weitergelebt.

Sie hat gewartet zehn Jahre, zwanzig Jahre, dreißig Jahre. Hundert Jahre.

Sie hat weitergelebt.

Stille

G. D.

Wer ist sie?

M. D.

Wer?

G. D.

Die Frau? Die Frau im Lastwagen?

M. D.

Sozial nicht mehr zu fassen. Deklassiert.

Das ist die einzige Information.

Stille

G. D.

Warum weint sie?

M. D.

Pause

Diese Liebesgeschichte. Die sie gehabt haben würde.

Pause

Ihr Körper, der ihre, er gehörte ihm, war untrennbar

tagsüber und nachts – mit seinem eigenen Körper verbunden.

G. D.

Mit wem?

M. D. *(lächelnd)*

Mit zwei Milliarden Männern.

Pause

G. D.

Hat sie sich da nicht getäuscht?

Pause. Ein Lächeln

M. D.

Nein.

Das sind die Verirrungen der Jugend.

Der Intelligenz.

Stille

M. D.

Das geschah in alten Zeiten, glaube ich.

Man konnte noch nicht wissen, was hinter der Klarheit dieser Worte steckte:

Revolution,

Klassenkampf,

Diktatur des Proletariats.

G. D.

Die Klarheit ist dunkel geworden.

M. D.

Ja. Man liest nichts mehr.

Man sieht nichts mehr.

G. D.

Ehe man hinging, konnte man nicht wissen, daß da eine Leere war. Wie kann man, ehe man etwas getan hat, wissen, daß es die Mühe nicht wert ist ... ?

Pause

Alle, die nicht hingegangen sind, können sie es wissen?

M.D.

Pause

Nein.

Stille

G.D.

Was tut der Lastwagen?

M.D.

Sehen Sie ihn?

G.D.

Ja, ich sehe ihn. Unermüdlich.

M.D.

Genau.

Er würde fahren.

Er fährt.

G.D.

Ja.

Pause

Die ganze Zeit. Er würde über Land fahren. Durch alle Länder.

M.D.

Ja. Er wäre auch am Meer entlanggefahren.

An den Ufern der Meere.

Unermüdlich, ja.

G.D.

Er hätte uns mitgenommen...

M.D.

Ja. Betrachten Sie seine Fahrtroute. Wie eine Spur. Eine Schrift: Unentzifferbar. Und klar.

G.D.

Seine Farbe ist blau.

M. D.

Er ist blau. Ja, blau.

G. D.

Ja.

STRASSE *nach Montfort-l'Amaury. Ebene. Nebel. Kälte. Kornfelder, soweit das Auge reicht. Der Lastwagen. Man sieht ihn von weitem. Er entfernt sich. Fährt über die Leinwand.*

Musik.

M. D.*s Stimme im Off*

Sie redet von Fahrten, die sie in eintönigen Landstrichen gemacht habe.

Sie sagt, das hänge nicht von den Landstrichen ab, auch sonst von nichts.

Er fragt nicht, was wovon abhänge.

Da antwortet sie an seiner Stelle.

Sie sagt:

Ich hab davon geredet, wie die Zeit vergeht.

Stille

Sie hätte auch von einer Stadt gesprochen, in der sie gewohnt habe, als sie jung gewesen sei.

Weit weg von Frankreich.

Tropisch.

Sie sagt: Dort gibt es einen Fluß.

Sie sagt, daran erinnere sie sich mit größter Klarheit.

Er hätte nicht gefragt, welche Stadt.

Da hätte sie von anderen Städten geredet.

Von mehreren anderen Städten.

Stille

Sie hätte gesagt: Mein Kopf ist voll Schwindelgefühl, voll Schreie.

Voll Wind.
So schreibe ich zum Beispiel manchmal. So Seiten, wissen Sie.
Pause
Oder aber ich schlafe.
Ende der Musik. Stille

DAS DUNKLE ZIMMER
G. D.
Wo würde sie hinwollen?
M. D.
Nun ja...
Er würde sie vielleicht danach fragen...
Sie würde ihm eine Richtung nennen...
Richtung Meer, so würde es scheinen.
G. D.
Würde er antworten, da wolle er auch hin?
M. D.
Er würde kaum etwas antworten. Sie interessiert ihn nicht.
Stille
Das Wichtigste im Film ist:
Sie sind am selben Ort zusammen eingeschlossen: In der Kabine des Lastwagens.
Der Fahrer. Und die Frau. Die Dame. Die Lastwagendame.
G. D.
Fragt er sich nicht, wer sie sei?
M. D.
Nein. Er fragt sich nicht, wer sie ist. Er fragt nichts...
Er hat mit einer älteren Frau nichts vor. Seine Gewohnheiten sind genau. Sie unterscheiden scharf:

Eine ältere Frau, das ist uninteressant.
Stille

WALD. *Rauhreifweiß.*
Dann die Räder des fahrenden Lastwagens, dann die Fahrerkabine, leer.
Dann die Brücke von Verrières (Industriezone).
Musik (Diabelli-Thema)
M. D.*s Stimme im Off*
Sie redet weiter. Sie sagt:
Was haben Sie geladen?
G. D.*s Stimme im Off*
Pause
Ich weiß nicht. Fertige Kisten.
Pause
Es soll auf ein Schiff verladen werden.
M. D.*s Stimme im Off*
Wohin?
Pause
Weiß nicht.
Ende der Musik.
Stille, während die Kamera die leere Kabine des Lasters, die Sitze zeigt.

VERRIÈRES.
M. D.*s Stimme im Off*
Sie sagt: Komisch, die Produkte... die Menschen... das häuft sich eben so an, und hin und wieder verschwinden sie, gehen sie nach draußen, entstehen die verschiedenen Geschichten.

G. D.

Warum wartet sie da, auf der Straße?

M. D.

Dafür hätte es mehrere Erklärungen gegeben. Aus persönlichen Gründen hätte sie sich von einem Ort zum anderen begeben können; zum Beispiel: Ihr Wagen hat eine Panne, sie muß zu ihrer Familie, der Ort liegt verlassen, sie hält das erste vorbeikommende Fahrzeug an...

Pause

G. D.

Was noch?

M. D.

Nichts. Sie hat nichts zu tun.

Pause

Sie fährt.

Stille

G. D.

Wenn sie in den Lastwagen steigt, dann ist also die Hauptsache erreicht?

M. D.

Ja. Dadurch daß sie an demselben Ort zusammen eingeschlossen sind, eine bestimmte Zeit lang, eingekerkert, wissen Sie, eingeriegelt, an demselben Ort, eine gewisse Zeit lang, dadurch ist die Hauptsache erreicht. Sie sehen dieselbe Landschaft. Zur selben Zeit. Vom selben Ort aus.

Pause

Ihre Verschiedenartigkeit wäre das eigentliche Thema des Films gewesen. Und ihr Eingeschlossensein in der Kabine des Lastwagens, dem wichtigsten Ort.

Stille

G.D.

Zwischen ihm und ihr… dem Fahrer und der Frau…?

Was?

Was wäre geschehen?

M.D.

Sie hätte während der Fahrtzeit geredet, ab und zu, wissen Sie. Vom Land. Vom Wind. Von neueren wissenschaftlichen Entdeckungen. Von den Transportschwierigkeiten in jener Gegend.

Von einem Kind namens Abraham.

Von der Liebe.

Sie hätte plötzlich gesagt:

Außerhalb der Liebe gibt es keine Geschichte.

G.D.

Hat man sie etwas gefragt?

M.D.

Nein. Aber wissen Sie, sie wäre ziemlich wenig folgerichtig vorgegangen; was sie sagte, wäre ziemlich unzusammenhängend gewesen.

G.D.

Dann wäre es ein… Film über die Liebe geworden?

M.D.

Ja. Über alles.

Es wäre ein Film über alles geworden.

Über alles zur selben Zeit.

Über die Liebe.

LANDSTRASSE. *Kornfelder.*
Kein Text.
Weit weg. Der Lastwagen im Bild. Er fährt über die Leinwand.
Musik.

DAS DUNKLE ZIMMER
M.D.
Ich sehe sie, wie sie in der Kabine eingesperrt sind, fast schon bedroht sie das Licht draußen.
Pause
Mir scheint, auch Sie und ich seien sozusagen bedroht durch dasselbe Licht, das ihnen Angst macht: die Furcht, plötzlich könne sich eine Lichtflut in die Lastwagenkabine, ins dunkle Zimmer ergießen, wissen Sie... die Angst vor der Katastrophe: Die politische Intelligenz.
Stille
G.D.
Militant ist jemand, der keine Zweifel hat.
M.D.
Richtig.
Er wird mobilisiert durch Detailforderungen, solche, die sein Los verbessern sollen, materieller Art alle.
G.D.
Materieller.
M.D.
Ja... Verbesserung der Wohnqualität... der Verkehrsverbindungen... billigere Ferien: Darin liegt der Hauptzweck seines Kampfes.
G.D.
Hätte er davon gesprochen?

M.D.

Der Fahrer? Nein.

Er hätte gefunden, es lohne sich nicht, davon zu reden.

Sie hätte die ganze Zeit über sozusagen allein gesprochen.

G.D.

Sieht er sie?

M.D.

Nein. Er sieht nichts.

Er ist zwischen zwei Zugehörigkeiten eingezwängt. Er sieht Dinge nur in Funktion dieser Zugehörigkeiten.

Fast hätte ich Ihnen zu sagen vergessen, daß sie dieser Allmacht ausgesetzt gewesen ist, dieser Herrschaft einer Klasse, die man eigentlich als entscheidend für das Los aller Klassen definiert hat.

Als sie jung war.

Und auch noch danach.

G.D.

Wäre die Entfremdung der beiden gleich groß gewesen?

M.D.

Ja, darum wäre sie gleich groß gewesen.

Stille

M.D.

Letzter Reinfall des Höchsten Erlösers, es, das Proletariat.

Sie hatte daran geglaubt.

Großer Gott: Das Proletariat.

Sie hatte daran geglaubt.

Niemand hat das Recht, die Verantwortung des Proletariats anzuzweifeln.

Sie hatte daran geglaubt.

Will man die Arbeiterklasse nicht beleidigen, darf man die Verantwortlichkeit des aktiven Mitglieds nie in Frage stellen.

Sie hatte daran geglaubt.

Niemand hat gewagt, niemand wagt die Verantwortlichkeit der Arbeiterklasse mehr in Frage zu stellen: Gotteslästerung.

Sie hatte es nicht gewagt.

Sehr lange nicht.

Stille

M. D.

Und dann, eines Tages, hat sie gesehen:

Die Komplizenschaft zwischen Arbeitgebern und Proletariat.

Deren gleiche Angst.

Deren gleiches Ziel.

Ihre gleiche Politik: Jede freie Revolution auf ewig zu verhindern.

In jedem Menschen den anderen Menschen umzubringen, ihm seine grundsätzliche Natur abzuschneiden: Seinen eigenen Widerspruch.

Stille

Und dann, eines Tages, hat sie es gesehen.

Es war im Sommer.

Die Harlekine auf den Panzern, die in Prag einfuhren.

Pause

Erinnern Sie sich vielleicht?

Diese mehlgesichtigen lächelnden Männer, so freundlich und ohne Hirn.

Diese neuen Killer.
Dieses Resultat, entstanden durch das Zusammenspiel zwischen Kapitalismus und Sozialismus.
Ein Resultat, worauf sie stolz gewesen sind.
Pause
Schon lange schaute sie, ohne etwas zu sehen.
Und dann, an jenem Tag, sah sie es.
Stille

G. D.
Die Angst ist nur materieller Art.
Das ist die Angst der Arbeiterklasse.
Nur diese Angst materieller Art darf überhaupt berücksichtigt werden.
Die der anderen?

M. D.
Die der anderen, nichts da:
Klassenprivileg.
Stille
Hören Sie. Sie singt.
Sie schließt die Augen und singt.

WALD. *Panoramablick.*
Im Vordergrund vereiste Wasserpfützen. Dahinter ein Birkenwald, unter weißem Rauhreif.
Musik.
Am Ende des Panoramas, eine Straße. Der Lastwagen. Er fährt dem Wald entlang, fährt über die Leinwand, sehr langsam.

M. D.*s Stimme im Off*
Man hört das Meer.
Weit weg.
Laut.

Pause

Und dann hätte sie von anderen Städten geredet.

Von verschiedenen anderen Städten.

Weniger weit entfernten.

Solchen zwischen Rebhängen... zwischen Rebhängen und Flüssen.

Anderen Flüssen.

Sie hätte gesagt, daran erinnere sie sich weniger genau.

Er fragt nicht, welche sie meint.

Pause

Sie singt.

Sie schließt die Augen.

Singt.

DAS DUNKLE ZIMMER

M. D.

Sie redet: Sie sagt zum Fahrer:

Sie sind Mitglied der kommunistischen Partei Frankreichs.

G. D.

Er sagt ihr: Das geht Sie nichts an.

M. D.

Stimmt.

Sie sagt ihm: Wissen Sie, Karl Marx, damit ist Schluß.

Sie benutzt noch immer die Vornamen: Marcel Proust, Pierre Corneille, Leo Trotzki, Karl Marx...

...eine Manie...

Stille

G. D.

Er sieht sie an...

M. D.

Pause

Ja… stimmt.

G. D.

Zum erstenmal.

M. D.

Ja, es scheint so…

G. D.

Was denkt er? Was sagt er?

M. D.

Er sagt: Ich habe verstanden.

Sie sind reaktionär.

G. D.

Was antwortet sie?

M. D.

Nichts. Sie lacht.

Lächeln. Stille

M. D.

Dann sagt er: Ich habe verstanden. Sie sind aus der psychiatrischen Klinik von Gouchy ausgebrochen.

Sie liest ab

Richtig, Gou-chy.

Pause

G. D.

Hört sie das nicht?

M. D.

Doch, doch. Sie antwortet:

lächelnd

Ach, kennen Sie die? …

Haben Sie gesehen, man hat die Gebäude an der Flußseite, an der Südseite, an der Hangseite ausgebaut.

Gut so... an der Nordseite grenzt das Ganze an den Wald...
War nötig... war schon seit einiger Zeit zu klein geworden...
Stille

G.D.
Er fragt:
Sind Sie politisch tätig?

M.D.
Richtig... richtig.
Sie antwortet:
Nein. Überhaupt nicht.
Ich tue nichts.
Ich habe nie etwas getan.

LANDSTRASSE, *Gegend von Chavenay (Yvelines). Kornfelder. Kein Text. In der Ferne taucht der Lastwagen auf, verschwindet hinter einem Abhang. Fährt über die Leinwand.*
Musik (Diabelli-Thema)

DAS DUNKLE ZIMMER

M.D.
Sie könnte auch zu ihrer Tochter fahren, die gerade ein Kind bekommen hat.*
Stille
Sie sagt:

* Der folgende Bericht ist selbstverständlich unendlich austauschbar. Allerdings mit Ausnahme der geographischen Daten des beschriebenen Orts einerseits – oder, wenn man will: mit Ausnahme der latenten Drohungen des Weltendes, der Stärke des Windes, des nie weit entfernten Meeres, das der Reise nachläuft – und mit Ausnahme der Andeutungen zur Geburt eines Kindes namens Abraham und zur geistigen Verwirrung.

Stellen Sie sich vor, meine Tochter hat soeben ein Kind bekommen und mein Wagen ist am Tag stehengeblieben, an dem ich abreisen sollte.
Pause
Es ist ein Junge.
Die Geburt ist ohne größere Schwierigkeiten verlaufen.
Pause
Da an diesem Tag mein Neffe zu meinem Bruder mußte, der am selben Ort wohnt wie meine Tochter, hab ich mir gedacht, ich könnte mit ihm reisen, aber es hat gerade um eine Stunde nicht geklappt, er war schon losgefahren. Was tun jetzt? Ich habe den Zug zu meiner Schwester genommen, sofort, wissen Sie, ohne mich anzumelden, und natürlich, als ich angekommen bin, niemand, es ist niemand dagewesen: Eine Nachbarin hat mir gesagt, meine Schwester sei den ganzen Tag zu einer Freundin auf Besuch, und sie komme erst am Abend zurück.
Da hab ich beschlossen, das erste Auto anzuhalten, das vorbeifährt.
Pause
Verlassene Gegend, wo meine Schwester wohnt, es gibt nur einen Zug pro Tag, zu einer unmöglichen Zeit.
Pause
Ich hab ja schon versucht sie anzurufen, aber die Auskunft hat mir gesagt, das örtliche Telefon sei wegen eines Sturms gestört. Das kommt in Küstengegenden oft vor, der Wind, der Wind, wissen Sie.
Es handelt sich um eine riesige Hochebene. Nichts hält den Wind auf. Nichts, kein Baum. Alles kahl.

Der Wind reißt die Bäume aus – oder knickt sie, sie liegen auf dem Boden wie hingemetzelt.
Pause
Sie singt.

Lange Stille. Während »sie singt« legt M.D. ihr Manuskript auf den Tisch

M. D. *(nimmt ihr Manuskript wieder auf)*
Sie hat zu singen aufgehört.
Pause
Sie sagt: Verzeihen Sie, ich singe, weil ich über dieses Kind glücklich bin, wissen Sie, ich entschuldige mich.

Ich muß Ihnen auch sagen, daß ich immer in einer Art geistiger Verwirrung bin. Ich habe meine Gedanken nie ordnen, nie einem Gedanken nachgehen können, ohne daß ich einen zweiten habe kommen sehen.

Ja, Sie brauchen ja nur wegzuhören, eigentlich sagen sie um mich herum: Man braucht ihr einfach nicht zuzuhören. Wissen Sie, das ist nicht immer so, manchmal sage ich wichtigere Dinge – um mich herum sagt man: Ernsthaftere Dinge.
Pause
Manchmal schweige ich auch lange ... ja doch ...
Pause
Tatsächlich bin ich wie jedermann sonst, nicht wahr, wenn ich rede, schweige, traurig bin. Oder heiter.
Pause
Aber das völlig unvorhersehbar, wie man meinen könnte, und das bedauert man um mich herum, diese geistige Störung, aber wissen Sie ... schließlich könnte ich ja erwidern, das Faktum, daß ich eine ge-

wisse Logik nicht sehe, bedeute nicht, das ich meinerseits keine eigene hätte. Es heißt, ich sei zu eigen. Es handelt sich um eine geläufige Redensart, Sie haben sie bestimmt schon gehört. Eigentlich ist es beleidigend. Man sagt das auch von Kindern: Zu eigen, er ist zu eigen, sie ist zu eigen.
Stille
Ich glaube, das Kind heißt Abraham.
Ich hoffe, das schadet ihm nicht.
Pause
Meine Tochter hat ihm diesen Namen geben wollen.
Ihr Mann war damit gar nicht einverstanden.
Pause
Er sagte, er werde später einmal vor dem Kind Angst haben, nur weil es diesen Namen trage.
Pause
Sie hat darauf beharrt. Er sagte, man müsse diese Namen vergessen, diese Wörter, jüdische, ihr Mann. Er sagte, man provoziere die schlimmsten Kollektivpsychosen, wenn man ein Kind so nenne, Abraham, alle Diskriminierung, Pogrome.
Meine Tochter hat widerstanden; sie hat ihr Kind Abraham genannt. Er gehört zur kommunistischen Partei Frankreichs, ihr Mann, was Ihnen alles erklärt. Er fürchtete, man könnte ihn einen Rassisten nennen, wenn er sein Kind Abraham nennte. Er fürchtete sich. Er sagte, es lohne sich nicht, einem Kind diesen Namen zu geben, einem nichtjüdischen Kind.
Ich muß Ihnen sagen, wir sind keine Juden – das nicht. Auch keine Araber.
Weder Juden noch Araber.
Pause

Meine Tochter meint, die Dichtung sei auf der Welt das am weitesten Verbreitete. Zusammen mit der Liebe. Und dem Hunger.

Pause

Sie redet immer von einem Gegen-Wissen, das sich in uns jeden Augenblick bemerkbar mache, und das wir verdrängten. Aber vergeblich, sagt sie. Sie sagt: Zum guten Glück, denn in diesem Fall würde man auf den Tod aller Tode warten müssen.

Pause

Ich glaube, damit meint sie ihren Mann.

Stille

Die Geburt ist ziemlich schmerzhaft gewesen, aber das Kind hat nicht gelitten.

Pause

Sie singt.

NACHT. ABHANG. EINE LANDSTRASSE, *im Département Yvelines. In der Ferne die Gastarbeiterstadt von Plaisir. Kompakt, gleichförmig. Eine von Tausenden anderer auf der Welt. Alle Lichter brennen.*

M. D.*s Stimme im Off*

Sie hätte gesagt, sie wisse, daß es sie nicht gebe. Sie habe dafür irgendwelche … inneren … Beweise …

Sie sagt: Wie soll ich es sagen:

Inneren?

Innerlichen? …

Stille

Sie sagt: Es geschah, als ich dort war …

Er sagt: Sie lügen.

Sie schweigt.

Am Ende der Kamerafahrt Musik.

DAS DUNKLE ZIMMER

G. D.

Weswegen weint sie?

M. D.

Sie weint nicht mehr.

Stille

G. D.

Sie schließt die Augen.

Pause

Sieht er sie?

M. D.

Nein. Er sieht nur, wenn man ihm den Befehl gibt zu sehen.

Er sieht nichts mehr aus eigenem Antrieb.

G. D.

Was sieht sie?

M. D.

Ganz genau zwei Kontinente. Nur die.

Das Meer ist sehr dunkel geworden. Nach Sonnenuntergang ist Ausgangssperre verhängt.

Mit Einbruch der Nacht: nichts mehr. Der Wald ist bis zu den Grenzmauern vorgewachsen.

Zwischen den Kontinenten der Ozean, die Unendlichkeit.

Zwischen den Kontinenten: nichts.

Vor dem Meer Angriffspanzer. Man überwacht die Leere.

Stille

Sie denkt an den kleinen Abraham.

Stille

LADEAUFZÜGE. RANGIERBAHNHOF, ZÜGE. *Güterwagen. Züge. Seitliche Kamerafahrt. Bedeckter Himmel, weiß.* ZÜGE. ZÜGE.

M. D.*s Stimme im Off*

Sie sagt, sie habe Kinder, ein Leben gehabt, einmal, zu unbestimmter Zeit.

Habe Kinder aufgezogen.

Aber sie könne ihre Zahl nicht richtig angeben.

Könne den Ort nicht angeben.

Das Datum.

Pause

Abraham. Abraham.

Sie redet davon, noch immer, aber niemand kennt ihn.

Ein Kind, das sie sich vielleicht... als Juden... ausgedacht haben könnte...

Ein jüdisches Kind?

Ausgedacht?

Musik am Ende der Kamerafahrt.

DAS DUNKLE ZIMMER

Die Musik kommt von weit her, fällt in die Totale. M.D. und G.D. schweigen lange, als habe die Vorstellung der vorangegangenen Einstellung sie völlig erschöpft: Die Züge des Judentransports.

Nach einer Pause fangen sie wieder zu reden an.

G. D.

Wieviel Uhr ist es?

M. D.

Es ist früh. Es wird Tag.

Stille

G. D.

Der Lastwagen?

M. D.

Er fährt noch immer.

G. D.

Er kommt voran.

M. D.

Immer.

Stille

G. D.

Wollen Sie eine Zigarette?

M. D.

Nach einer langen Zeit

Nein.

Pause

Sind Sie müde?

G. D.

Nein.

M. D.

Nein?

Stille

Wir sind fast mit Lesen fertig.

Pause

Wir machen weiter.

G. D.

Ja.

Stille

M. D.

Zu einem bestimmten Zeitpunkt wird auch der Fahrer an einem Fernfahrertreff halten und er wird ein Sandwich essen.

Sie schaut ihm sehr aufmerksam beim Essen zu und sie spricht mit ihm über seine Hände.
Sie sagt ihm:
Ich könnte es nicht ertragen, daß mich ein Mann mit solchen Händen, so kaputten, so dreckigen, berührte, niemals, niemals.

G.D.
Lacht er?

M.D.
Ja.

G.D.
Sagt er: Als Witz nicht schlecht?

M.D.
Ja. Stimmt.
Dann schaut er seine Hände an.
Pause
Und dann sagt sie: Wissen Sie, ich persönlich glaube: Karl Marx, damit ist Schluß.
Stille
Und dann fängt sie wieder zu singen an.
Sie schließt die Augen.
Pause
Hinter ihren Lidern sieht sie etwas.

G.D.
Das Ende der Welt.
Pause

M.D.
Er sagt ihr:
He, Sie kommen doch aus der psychiatrischen Klinik von Gouchy?
Pause
Sie gibt keine Antwort.

G. D.

Er sagt:

Woher kommen Sie nun eigentlich?

M. D.

Genau... Sie gibt keine Antwort. Er sagt: Ich muß es wissen, ich habe ein Recht, es zu wissen. Ich darf sogar Ihre Ausweispapiere verlangen.

G. D.

Weint sie?

M. D.

Nein. Sie weint noch immer nicht.

Er sagt:

Da wo Sie zugestiegen sind, war nichts, soweit man sehen konnte.

Also? Wer sind Sie?

Pause

Er wartet auf Antwort.

G. D.

Er wartet auf Antwort.

Pause

M. D.

Ja. Sie antwortet:

Ich kann Ihnen keine Antwort geben.

Ich verstehe Ihre Logik nicht. Wenn man mich fragt, wer ich bin, werde ich verwirrt.

G. D.

Er sagt:

Ach, ich hab gleich etwas geahnt.

Stille

LANDSTRASSE *nach Chavenay. Ansteigend. Kornfelder, kahl. Der Lastwagen, weit weg. Er fährt über die Leinwand.*

Musik.

M.D.*s Stimme im Off*

Sie sagt: Ich kann anfangen zu lieben.
Sie zu lieben.
Zu lieben.
Jeden Augenblick.
Schreien.
Lieben.
Abraham. Oder vielleicht Sie.
Alles.
Pause
Oder nichts.
Pause
Nichts.

DAS DUNKLE ZIMMER

M.D.

Hier sagt sie, sie wolle aus dem Lastwagen aussteigen.
Pause
Mitten auf freiem Feld. Kein einziges Haus. Sie will aussteigen und sie schreit.

G.D.

Hat sie Angst?

M.D.

Pause
Wovor?

G.D.

Vielleicht davor, daß man sie in die psychiatrische Klinik von Gouchy zurückschaffen könnte.
Pause
Er sagt:
Schließlich müssen Sie wissen, was Sie wollen.

M. D.

Genau.

Sie sagt, sie wisse es nicht.

Stille

Im Film hätte jemand gesagt:

Die Frau ist nichts Besonderes, jeden Abend hält sie Autos, Lastwagen an. Und dann erzählt sie dem, der drin sitzt, ihr Leben.

Jeden Abend erzählt sie ihr Leben zum erstenmal. Man hört ihr mehr oder weniger zu, aber ihr ist es ziemlich egal.

Stille

G. D.

Wie würde sie aussehen?

Wie sieht sie aus?

M. D.

Pause

Klein.

Mager.

Grau.

Banal.

Sie hat diesen Adel des Banalen.

Man bemerkt sie nicht.

PLAISIR. NACHT. *Industriezone um den Auchan-Supermarkt herum. Ödnis. Zonen mit hoher Baukonzentration. Ghetto der Gastarbeiterschaft. Mitten drin Auchan: Erholungsort des Lohnempfängers, des Arbeiters.*

M. D.*s Stimme im Off*

Jemand hätte das gesagt, ja...

Jemand hätte gesagt: Die Frau ist nichts Besonderes:

jeden Abend hält sie Autos, Lastwagen an, und dann erzählt sie ihr Leben zum erstenmal…
Pause
…Zum Beispiel eine Kellnerin in einem Fernfahrertreff, die sie bei Einbruch der Nacht erkannt hätte…
Oder ein Autofahrer, der sie erkannt hätte…
Pause
Sie hätte nicht bemerkt, daß man von ihr spräche.
Musik.

DAS DUNKLE ZIMMER
Stille
G.D.
Abraham…
Wo ist Abraham?
M.D.
Sie redet von ihm. Noch immer.
Aber niemand kennt ihn.
Stille
Sie steigt in der Heidelandschaft aus.
Sie sagt noch einmal etwas, und dann steigt sie aus.

NATIONALSTRASSE 12. *Spärlicher Verkehr. Der Lastwagen, ganz nah. Er fährt auf einer Landstraße auf die Nationalstraße 12 zu. Biegt ein, verschwindet im Verkehr.*
M.D.*s Stimme im Off*
Sie hätte ein letztes Mal etwas gesagt.
Sie hätte gesagt, sie habe sich ihr ganzes Leben lang getäuscht:
habe geweint, wenn sie hätte lachen sollen…
habe gelacht, wenn sie hätte weinen sollen…
geweint, wenn sie hätte weinen sollen…

Sie sagt überdies:
Soll die Welt zugrunde gehen.
Soll sie zugrunde gehen.
Musik bis zum Ende

DAS DUNKLE ZIMMER
M. D.
Sie wäre in der Heidelandschaft ausgestiegen.
Er hätte sie aussteigen lassen.
Pause
Und dann wäre er weitergefahren.
Pause
Man wüßte nicht mehr von ihr.
Sie hätten nur in bezug aufeinander existieren können.
Also ist die Geschichte zu Ende.

LANDSTRASSE *zwischen Neauphle-le-Vieux und Septeuil (Yvelines). Sehr spärlicher Verkehr. Kamerafahrt vorwärts. Sicht auf die Straße mitten in Kornfeldern.*
Dann der Lastwagen. Man sieht ihn auf derselben Straße. Kornfelder. Kahl. Fährt über die Leinwand. Zuerst weit weg, dann nah. Verschwindet.
M. D.*s Stimme im Off*
Das geschah vor Jahren. Vor langer Zeit.
Man konnte noch nicht wissen, was sich hinter der Klarheit der Wörter verbarg.
Die Klarheit der Wörter hat sich verwischt.
Man liest nichts mehr.
Man sieht nichts mehr.
Pause
Nichts.

Pause
Revolution, Klassenkampf.
Diktatur des Proletariats:
Pause
Nichts.

Die Kamera fährt über die verschiedenen Ausstattungs-Aspekte des DUNKLEN ZIMMERS.
Die erste Fahrt endet beim weißen Vorhang, das Fenster füllt die Leinwand. Die zweite Fahrt nähert sich M.D. und G.D., sie schweigen in der aufgerissenen Ausstattung, Vorhänge zur Außenwelt hin geöffnet.
Stille
M. D.*s Stimme im Off (zu lauter Musik)*
Da liegt ein Hügel. Ein sanfter Abhang. Der Wald.
Darüber ist der Himmel hell und klar. Kahl.
Sommer.
Kein Wind.
Die Sonne scheint sehr stark, unbeweglich, ein Hundstag.
Die dominierende Farbe ist dunkelgrün, von der Hitze, dem Salz, der Luft ins Gelbliche getrieben.
Das Meer liegt da.

Ende der Kamerafahrt. Man entdeckt den Park am anderen Ufer der Bucht. Es ist fast Nacht. Ein Baum hebt sich gegen den klaren Himmel ab; links davon ein Bogenlampenprojektor auf das dunkle Zimmer gerichtet.
Die Hitze zieht Sprünge in den Boden.
Sommer.
Sehr langsam fährt der Lastwagen an allem vorbei. Dann verschwindet er. Hinter ihm bleibt das Knistern

von Dornengebüsch zurück. Die Stärke des von der vorbeifahrenden Masse des Lastwagens aufgewühlten Luftzugs läßt die toten Sommerpflanzen rascheln.
Stille
Der Lastwagen ist verschwunden.

Das Bild verschwindet. Das DUNKEL *des Endes setzt ein (sechzehn Sekunden Schwärze).*
M. D.*s Stimme im Off*
Man wartet auf den Unfall, auf die Leute, die dann durch den Wald laufen.
Da ist das Geräusch von etwas, das vorbeifährt.
Man weiß nicht, wer, was.
Stille
Und dann hört es auf.

Das Diabelli-Thema sehr laut in die Musik eingemischt, spielt, während die BESETZUNGSLISTE *erscheint.*

Kamera	– Bruno Nuytten
Erster Kameraassistent	– Joél Quentin
Zweiter Kameraassistent	– Eric Adjani
Ton	– Michel Vionnet
Erster Tonassistent	– Gilles Ortion
Erste Regieassistentin	– Geneviève Dufour
Zweiter Regieassistent	– Jean-David Lefebvre
Photo	– Jean Mascolo
Erster Elektriker	– Louis Bihi
Elektriker	– Franck Coquet
Erster Maschinist	– Bernard Brégier
Schminke	– Laure Bellin du Coteau
Mixing	– Paul Bertault
Produktionsassistentin	– Marie-Anick Jarlegan
Montage	– Dominique Auvray
	– Caroline Camus

Die Diabelli-Variationen von Beethoven werden von Pascal Rogé gespielt.

Eine Produktion von Cinéma 9 – Auditel
Film Kodak Eastmancolor
Labor Eclair
Auditorium Auditel

Visa de censure 47.399

Texte zur Filmvorführung

Wir können uns ein Filmschaffen über die sozialistische Hoffnung sparen. Ebenso ein Filmschaffen über die kapitalistische Hoffnung. Wir brauchen uns nicht mehr auf ein Kino von einer künftigen Gerechtigkeit sozialer, fiskaler oder sonstiger Natur einzulassen. Sei es das Kino von der Arbeit. Sei es das von den Verdiensten des Individuums. Oder das der Frauen. Das der Jungen. Das der Portugiesen. Das der Malinesen. Das der Intellektuellen. Das der Senegalesen.
Wir können uns fortan das Kino der Angst sparen. Das von der Revolution. Das von der Diktatur des Proletariats. Das von der Freiheit. Das von den eigenen, von Euren Popanzen. Das von der Liebe. Lohnt sich alles nicht mehr.
Wir können uns unser Kino übers Kino sparen.
Man glaubt an nichts mehr. Man glaubt. Oh Freude: man glaubt: an nichts mehr.
Man glaubt nichts mehr.
Das eigne Kino, Euer Kino. Lohnt sich nicht mehr. Ist die Mühe nicht wert. Das Kino der Erkenntnis ist aus Folgendem herzustellen: Es lohnt sich nicht mehr.
Soll das Kino bald untergehen – nur das ist Kino.
Soll die Welt bald untergehen, soll sie bald untergehen – nur das ist Politik.

Das Kino hält den Text an, belegt seine Herkunft, das Imaginäre, mit Tod.
Darin besteht gerade seine Tugend: die Türe zu schließen. Das Imaginäre anzuhalten.
Dieses Anhalten, dieses Türschließen heißt: Film.
Ob gut oder schlecht, großartig oder abscheulich, der Film verkörpert diesen endgültigen Halt. Die Fixierung des Dargestellten ein für allemal in Ewigkeit.
Das Kino weiß: Es hat den Text nie ersetzen können.
Es sucht ihn dennoch zu ersetzen.
Daß nur der Text unendlich viele Bilder trägt, weiß es.
Aber es vermag nicht mehr auf den Text zurückzugreifen. Es weiß nicht mehr, wie man das tut.
Es kennt den Weg im Wald nicht mehr, es kann sich das unbegrenzte Potential des Textes, dessen unbegrenztes Wuchern von Bildern nicht mehr zunutze machen.
Das Kino ist entsetzt, es schlägt um sich, kämpft, gerät außer Atem bei der Suche nach einem anderen Weg als dem Wort, um der wachsenden Intelligenz seines Betrachters etwas entgegenzusetzen, um ihn zu ergreifen und ihn ein weiteres Mal in seinen Kinosälen zu begraben, wo er sich ein weiteres Mal ein Produkt ansehen soll.
Es ist deutlich sichtbar. Das Kino sieht bereits die Wüste des Kinos vor sich. In seiner Opulenz, seiner Milliardenschwere versucht das Kino mit einem finanziellen Aufwand, der mit dem von Öltransaktionen und Wahlkämpfen vergleichbar ist, seinen Zuschauer *wieder zu gewinnen*.

In den Filmen watet man entweder in Schönheit oder im Verbrechen, im Blut, in Mordserien, in Engelsantlitzen, in proletarisierender Exotik, in Proust, Balzac, in Finanzskandalen, in der Langmut der Völker, im Aufblühen der Hungersnöte.
Vergeblich.
Das Kino kann der wachsenden Erkenntnisgier seines Zuschauers nichts mehr entgegensetzen.
Was das Kino nicht weiß: daß das, was sich außerhalb des Kinos abspielt, mit dem, was sich im Kino abspielt, zusammenfällt.
Daß es, wie milliardenschwer immer, der Einsicht des Zuschauers in die Herstellungsprozesse des Kinos nicht mehr gewachsen ist.
Daß das fabelhafte Mißverhältnis zwischen den Mitteln des Kinos und seinen Absichten fortan das daraus entstandene Produkt zum Tode verurteilt.
Daß eins gleich viel ist wie das andere.
Daß die Herstellung des Films schon der Film ist.
Die Ablehnung wird unteilbar und total. Der Zuschauer sucht den Kinosaal immer weniger auf. Er weiß im voraus, daß das ihm vorgesetzte Produkt in seiner Milliarde eingesperrt ist, ein Zwitter, ein Bastard, beschmutzt durch eben die Bedingungen seiner Produktion.
Die Ablehnung ist als solche bekannt, sie läßt sich nicht mehr durch militante Schlagworte aller Richtungen vereinnahmen und ersticken. Sie hat sich ent-etikettiert.
Der Zuschauer wirft keine Scheiben mehr ein. Er geht einfach vorüber. Er bleibt auf der Straße, statt ins Kino zu kommen.
Das ist alles.

Die kranke Masse, in Ruhe und fortwährender Verdauungstätigkeit versackt, wird den Kinosaal noch betreten; aber von jetzt an: nur noch sie.
Sie wird den Film über sich ergehen lassen, es gibt kein Morgen, kein Echo. Ein in einen Brunnen geworfener Stein.
Schon lange haben viele das Kino verlassen.
Darum macht man es ja.

Ich weiß nicht, wo ich im »Lastwagen« hin will. Sie, die Frau im Lastwagen, weiß es auch nicht. Und es ist uns beiden gleichermaßen egal. Ich wußte nicht, wer diese Frau war. Nichts. Nur: ich wußte, daß an einer Straßenbiegung eine Frau stand – ich sah diese Straße am Ärmelkanal, Richtung Vauville – und daß sie auf einen Lastwagen und mich wartete. Und das seit Wochen. Ich habe nicht am Text gearbeitet. Ich wußte, der Text, wie immer er aussähe, wäre bei den Dreharbeiten weggefegt worden. Daß die Frau und der Text vor dem Film nicht übereinstimmen würden. Daß die Existenz der Frau erst mit der des Films anfangen würde, gleichzeitig mit dem Film und in dem Maße, wie er sich entwickeln würde. Mehr noch: daß die Frau nach dem Film verlangte, um mit der Existenz anfangen zu können. Vor dem Film sehe ich von ihr nur das Warten. Ich kann sie lieben. Ich bin ihr zugewandt. Sie nicht, sie ist der Außenwelt zugewandt. Sie weiß nicht, daß ich sie liebe, sie versteht es nicht, geliebt zu werden, sie weiß nichts von der Liebe, die sie erwecken kann. Sie, der Außenwelt zugewandt: Schau her. Ich, ihr zugewandt. Sehe sie an. Teleskopartig strecken wir uns beide in Richtung Außenwelt aus. Durch sie sehe ich. Durch sie bemächtige ich mich der Außenwelt und senke sie in mich ein. Ich liebe sie. Sie weiß nichts von mir. Immerzu auf die Außenwelt konzentriert. Ich richte meinen Blick anderswohin. Ich sehe auf das, was sie sieht: es wird immer klarer und deutlicher. Ich sehe sie nicht, ich sehe ihr Gesicht noch immer nicht. Als der Film zu

Ende geht, habe ich ihr Gesicht noch immer nicht gesehen. Was sie aber angesehen hat, das blendet mich: der Film.

Viertes Projekt

In »India Song« versuchte ich die Geschichte einer Liebe über ihr eigentliches Gebiet hinaustreten zu lassen. Anne-Marie Stretter ist über die Person Michael Richardsons völlig in Kalkutta verliebt. Im »Lastwagen« ist die Geschichte, der Vorwand verschwunden, unter welchem man über Liebe reden könnte. Die Frau im Lastwagen erlebt eine Liebe allgemeiner Natur. Sie weiß nicht, wie sie sie leben könnte. In einer völligen Hinwendung zur Außenwelt ist sie in einen Prozeß des Identitätsverlustes verwickelt. Nicht nur weiß sie nicht, wer sie ist, sie sucht auch nach allen Richtungen, wer sie sein könnte. Im »Lastwagen« bleibt ihr kein anderer Fixpunkt einer möglichen Identität als die Praxis des Autostops. Sie ist nichts weiter mehr als eine Autostopperin. So wie sie mir erschienen ist, so sehe ich sie auch verschwinden, sie hält ein anderes Fahrzeug an und verläßt mich für immer. So hält sie sich, irgendwo ausgesetzt, in einem Zustand beständigen Wartens, eines Wartens auf sich selber, mit dem Wunsch, alles auf einmal zu sein. Ihre Bewegung hin zum Ganzen ist für mich die der Liebe.

Die Frau des Lastwagens langweilt sich nicht mehr. Sie sucht in ihrem Leben keinen Sinn. In ihr entdecke ich eine Lust, ohne Sinnsuche zu existieren. Eine wahrhaftige Regression, im Gange, fortschreitend, fundamental. Der einzige Fixpunkt ist die entscheidende Erkenntnis, daß es keinen Fixpunkt gibt.

Gespräch mit Michelle Porte

Michelle Porte

Im Film fragt Depardieu Sie: »Wäre das ein Film gewesen?«

Marguerite Duras

Ja. Und ich sage: »Es wäre ein Film gewesen. – Es ist ein Film.«

Das muß man so verstehen: *Also* ist es ein Film.

Michelle Porte

Können Sie über diesen Film sprechen; wie Sie ihn gemacht haben?

Marguerite Duras

Da waren drei Phasen. In der ersten Phase war da einfach eine Schauspielerin. Ich dachte an zwei sehr große Interpretinnen, an Simone Signoret und Suzanne Flon. Sie waren nicht frei. Das gab mir mehr Zeit zum Nachdenken.

Michelle Porte

Dann hätten Sie in der ersten Phase also das als Geschichte gefilmt, was dem Zuschauer jetzt nur vorgeschlagen wird.

Marguerite Duras

Genau. Aber gleichzeitig fühlte ich mich jedesmal, wenn ich daran dachte, sehr unwohl. Zunächst einmal schien es mir unmöglich, daß sowas in einem Film vorkommen könnte; was sie hätten spielen können, das hätte ich nicht spielen können, weil ich jemand bin, der Texte schreibt; ich bin keine Schauspielerin. In einer zweiten Phase dachte ich, wenn Simone Signoret und Suzanne Flon nicht frei wären, könnte ich dennoch im Film mitspielen. Dann schien es mir sehr schwierig, daß der Film im Innern der Führerkabine spielt, wegen der Kälte, des Wetters Anfang Januar, es war minus sieben Grad, als wir drehten. Das waren keine guten Voraussetzungen.

Michelle Porte

Zunächst haben Sie materielle Gründe angeführt.

Marguerite Duras

Ja. Man hat darüber gesprochen, man erkundigte sich, wie man um die Führerkabine herum würde drehen können, wie man in aller Seelenruhe dieses Ausfransen der Reisedauer würde beibehalten können, ohne durch die aufgestellte und auf uns wartende Kamera gestört zu werden, usw. usw., und dann bin ich von der zweiten Phase in die letzte gesprungen... das geschieht immer nachts, ich konnte in einer bestimmten Nacht nicht schlafen und dann habe ich mir gesagt: Ich werde den Film nicht drehen, ich werde ihn erzählen – als ich das gefunden habe, war ich ganz befreit – nämlich, ich werde erzählen, was der Film gewesen sein würde, wenn er gedreht worden wäre. Da sprach ich zum Glück mit Depardieu; er verstand sogleich. Ich hatte große Angst, er sagt mir im Augenblick, wo wir beide mit den Manuskripten in den Händen am Tisch sitzen, ich will aussteigen. Der Film wird mit den Blättern in der Hand vorgelesen, und Depardieu liest ihn zum erstenmal, und die Aufmerksamkeit, die er aufs Lesen verwenden muß, sieht man im Film. In einem gegebenen Augenblick sage ich da übrigens: »Es wäre keine Textprobe vorgesehen gewesen.« Heute glaube ich, daß damit jede Art von Spiel vermieden werden sollte. Wenn man den Text zuvor gelesen, wenn man ihn geprobt hätte, auch nur um ihn später zu lesen, dann hätte man *gespielt*. Manchmal entstehen Unsicherheiten, man erwischt eine falsche Zeile, manchmal sucht man die richtige Zeile, aber das war gewollt, ich wollte das lieber als eine Distanz zwischen dem Text und der Person, die spricht; was ich *Theaterspielen* nenne. Das habe ich aber nicht von Anfang an gewußt, erst jetzt weiß ich es und verstehe, warum der Satz von der Textprobe gesprochen wurde. Darum kann ich den Text auch keinem Schauspieler fürs Theater geben: Er müßte ihn lernen, also müßte er ihn spielen. Das Zuschauen bei einer Lektüre, das Zuschauen bei einer ersten Lektüre ergibt ebensoviel Kino – wenn nicht mehr – als das Spielen des Inhalts dieser Lektüre oder ihre Darstellung.

Michelle Porte

Man sieht es ja sehr deutlich an der Art, wie Depardieu den Text aufnimmt, den Sie ihm vorlesen, und auch seinen.

Marguerite Duras

Und dieser Film, den ich nicht gemacht hätte, während ich darüber spreche, enthält in sich andere Filme, und genau das habe ich entdeckt. Er enthält alle anderen Filme, die ich, von dieser Idee ausgehend, hätte machen können; sie ist sehr banal: Der Lastwagen ist ein Thema, das in der ganzen Welt benützt worden ist, es ist sehr spektakulär und ist in realistischer Manier überall benützt worden, in Amerika, in Frankreich, überall: Neulich gab es sogar einen Film im Fernsehen, der sich in einem Lastwagen abspielte, im Innern, mit Plattform, auf der die Kamera steht.

Michelle Porte

Ja, aber kann man denn sagen, der Lastwagen sei das Thema Ihres Films? Fassen wir den Film zusammen für jemand, der ihn nicht gesehen hat: In einem geschlossenen Raum sprechen ein Mann und eine Frau – Sie sind die Frau – während einer Stunde zwanzig Minuten. Die Frau erzählt eine Geschichte, die Geschichte einer Frau, die als Anhalterin in einen Lastwagen steigt und die eine Stunde zwanzig Minuten lang mit dem Fahrer spricht, der sie als Anhalterin mitgenommen hat.

Marguerite Duras

... und der ihr nicht zuhört.

Michelle Porte

... und der ihr nicht zuhört. Diese Geschichte schlagen Sie Depardieu vor, der demnach zum Ersatz für den Lastwagenfahrer wird: Der Fahrer hört zu, wie die Frau redet, und er, Depardieu, hört zu, wie Sie die Geschichte vorlesen.

Marguerite Duras

Genau. Er hat sich nie bewegt. Ich möchte das betonen, seit dem ersten Tag ist er immer der mögliche Fahrer des Lastwagens gewesen, er, Depardieu. Jedenfalls sah ich ihn, Depardieu, irgendwo, entweder im Lastwagen oder außerhalb. Er hat sich nie bewegt, das mußte so sein.

Michelle Porte

In diesem Film brauchen Sie immer die Möglichkeitsform in der Vergangenheit: »Das wäre eine Straße gewesen. – Das ist eine Straße.« »Das wäre ein Film gewesen. – Das ist ein Film.« Heißt das soviel wie: Im Augenblick wo ich sage: »Das wäre ein Film gewesen«, ist es ein Film?

Marguerite Duras

Ja, ich glaube, es ist mein erster Film und vielleicht der erste Film überhaupt, in dem der Text alles trägt. In Grevisses Grammatik heißt es, die Möglichkeitsform sei der einleitende Potentialis, den die Kinder brauchen, wenn sie ein Spiel definieren: Du wärst ein Pirat gewesen, du bist ein Pirat, du wärst ein Lastwagen gewesen, du bist ein Lastwagen, sie werden zu einem Lastwagen; und die Möglichkeitsform ist das einzige Tempus, das das Spiel der Kinder wiedergibt: Total. Ihr Kino.

Michelle Porte

In geschlossenem Raum sprechen zwei Personen, Depardieu und Sie, von einem Lastwagen. Und anderswo fährt ein Lastwagen auf Straßen weiter, durchquert Landschaften, unermüdlich...

Marguerite Duras

Also ist der Lastwagen woanders als wir.

Michelle Porte

Ja, dieser Lastwagen ist ein mentales Bild: Er ist Ihr gedankliches Bild des Lastwagens, den man auf seinem Weg weiterfahren sieht.

Marguerite Duras

Ich habe mir den Film soeben angesehen, ich bin von diesem Film überwältigt... das erwarte ich doch immer, von meiner eigenen Arbeit überwältigt zu sein... Ich weiß nicht genau, woher die Kraft des Films kommt, sie verwirrt mich sehr.

Michelle Porte

Für mich, die ich den Film soeben gesehen habe, ist es als Zuschauer das erstemal, daß man mir in einem Film eine solche Freiheit gibt, hier finde ich dieselbe Freiheit wie beim Lesen, und in diesem Sinne finde ich, dieser Film ist etwas Neues, ein ganz neuer Weg im Kino.

Marguerite Duras

Sie werden zu hören bekommen, das sei kein Film. Und doch haben Sie etwas auf der Leinwand. Jemand, der spricht, ist ein Bild.

Michelle Porte

Ja, ein sehr starkes, jemand, der spricht, der eine Geschichte erzählt, ist ein sehr starkes Bild. Und wenn ich auf der Leinwand das Bild des Lastwagens habe, der unaufhörlich durch diese Landschaften fährt...

Marguerite Duras

Durch den Winter. Der durch den Winter fährt...

Michelle Porte

Ja, das Bild ist ganz durchdrungen von dem, was Sie eben gesagt haben, durchdrungen von dem, was in diesem Lastwagen geschehen könnte, aber ich sehe nur den Behälter, das heißt, daß die Frau und der Mann im Lastwagen mir nicht aufgedrängt werden.

Marguerite Duras

Sie befinden sich im Lastwagen, ich sehe sie als eine Weiterführung dessen, was ich sage; wenn ich aufhöre zu sprechen, fahren sie damit fort. Dann aber geht man hinsichtlich der psychologischen Erzählweise völlig in die Irre.

Michelle Porte

Eine geschriebene Geschichte mündet in Vorschläge von Bildern. Wenn man sie im Film auf ein einziges

Bild reduziert, handelt es sich um eine Art Vergewaltigung des Zuschauers.

Marguerite Duras

Eine Einschränkung.

Michelle Porte

Ja, eine Einschränkung, und da ist ein völliger Bruch. Als Sie »Son nom de Venise« machten, sagten Sie, üblicherweise blieben dem Zuschauer zwanzig Prozent Anteil am schöpferischen Akt, und jetzt würden Sie achtzig Prozent von ihm verlangen. Bei diesem Film aber ist es noch viel mehr.

Marguerite Duras

Alles in allem existiert der Lastwagen, existiert die Reise, existiert die Landschaft durch die Vermittlung des Wortes. Alles existiert. Der Mann existiert, die Frau existiert... *und es wird vom Blatt gelesen*. Es ist nicht einmal auswendig gelernt, es wird vorgelesen. Das verwirrt mich sehr, das bestärkt mich irgendwie in der Tatsache, daß ich nicht mehr ins Kino gehen kann, weil ich mich da langweile... Ich habe mich bei der Herstellung dieses Films keine Sekunde gelangweilt, ebensowenig beim Lesen, auch Depardieu nicht, er war ganz selig, die ganze Drehmannschaft war begeistert, und doch lasen immer nur wieder Depardieu und ich an einem Tisch die Geschichte.

Michelle Porte

Ihre Begeisterung war vielleicht dieselbe, wie sie der Zuschauer beim Anschauen dieses Films verspürt. Man erzählt uns etwas, man suggeriert uns eine Geschichte, und das ist wundervoll...

Marguerite Duras

Das läge demnach in der großen Tradition des Erzählens... das Schreiben als Träger von allem, das Schreiben als Träger des Bildes, so, als hätte man etwas am Schreiben geändert, als hätte man es fragmentiert und es, möglicherweise, durch Bilder ersetzt...

Michelle Porte

Als hätte man seiner Herkunft, dem Imaginären, Grenzen gesetzt.

Marguerite Duras

Ja, genau.

Michelle Porte

Und vielleicht kommt man wirklich wieder auf die Tradition der Erzähler zurück, die alles in allem ja mündliche Erzähler sein könnten; der Erzähler hat dieselbe Macht wie der Schriftsteller.

Marguerite Duras

Die Macht, alles zu tun, die ganze Erzählung alleine zu leisten. Ja. Wenn man Filmemacher über ihre Filme reden hört, dann reden sie darüber, als wäre es eine ihnen fremde Sache, das ist mir schon immer aufgefallen, sie reden diesseits von allem, was sie gemacht haben mit, Sie wissen, was ich sagen will, mit Schüchternheit, Schamhaftigkeit, usw. Nicht so ich. Ich hätte den »Lastwagen« nicht machen können, wenn ich im geringsten schamhaft wäre, für den »Lastwagen« braucht es Schamlosigkeit, aber vielleicht ist Schamlosigkeit ja Bescheidenheit.

Michelle Porte

Aber Sie sind Schriftstellerin...

Marguerite Duras

So wie viele Leute; aber nicht mehr.

Michelle Porte

Viele Leute, die Filme machen, nehmen eine bereits

fertige Geschichte, und was sie dann unternehmen, ist eine Umsetzung ins Bild, eine Illustration der Geschichte.

Marguerite Duras

Ja. Und man gelangt zu einem Zwitter von Ergebnis, wo das Wort nicht mehr das Wort ist, wo es seine Macht, seine Kraft nicht mehr hat, und wo das Bild »erzwungen« ist und wo es das Fehlen des Wortes zu stützen versucht... Zum Beispiel habe ich »Im Reich der Sinne« gesehen. Man sieht Leute, die den ganzen Tag miteinander schlafen, um am Ende zum Mord, zum Todesurteil zu kommen. Mir ist aber aufgefallen, daß die Einsamkeit der Leidenschaft, die völlig dramatische und tragische Isolierung nicht gezeigt wird, in die einen dieses Stadium des Begehrens taucht... Es werden Leute gezeigt, die den ganzen Tag ficken, aber Leidenschaft besteht nicht nur darin, sie besteht auch in der tödlichen Isolierung, in die man dadurch gerät... das wird nicht gezeigt. Die Filmspezialisten haben gesagt, es sei ein schöner Film. Das schon, ein schöner Film, der aber das im Titel angegebene Thema nicht behandelt.

Michelle Porte

Durchs Bild allein ließ sich das vielleicht nicht sagen.

Marguerite Duras

Sie glaubten die Lösung durchs Bild zu finden. Es gibt da keine Sprache, es gibt nur direkt eine Sprache, die die Tatsache des Beischlafs der beiden kommentiert, aber der Film hat einen Mangel, einen gravierenden Mangel: Die äußere Konsequenz aus der Verzweiflung des Begehrens. Wie alles, die ganze Außenwelt plötzlich sich ändert, Anzeichen des Todes trägt. Vielleicht ist das ein Mangel an Sprache oder an Schweigen – es kommt letztlich aufs selbe heraus, Sprache oder Schweigen. Dieser Mangel ist schuld daran, daß das ein Zwitter von Film ist und daß die Leute, die zum Beispiel beruflich schreiben, nicht ganz daran glauben können. Seit zwanzig Jahren schämt sich, glaube ich, der Film seiner Worte, ebenso wie er sich schämt, intelligent zu sein. Wissen Sie, als ich das Wort »Intelligenz« in »India Song« brauchte, haben mich Leute auf der Straße angehalten, um mir zu sagen: »Es ist unverzeihlich, dieses Wort in einem Film gebraucht zu haben.« Da kommt man schon etwas ins Taumeln, man fragt sich, wer denn Filme macht. Es macht ein wenig angst. Es ist, als hätte der Berufsstand mit allen Mitteln eine Schranke gegen das Eindringen der Sprache in den Film errichtet. Eine Rassenschranke, rassistische Abwehr der Intelligenz – ganz so, als wäre die Intelligenz das, wessen sich der Mensch schämen müsse. Während es doch die am gerechtesten verteilte Sache der Welt ist.

Michelle Porte

Als hätte, sagen wir mal, der übliche Film nur eine ganz schmale Ader statt aller Möglichkeiten der Intelligenz ausbeuten wollen. Um es nochmal zu sagen: So, als wäre Intelligenz ein Klassenphänomen.

Marguerite Duras

Sie sind der Ansicht, das Kino gehöre ihnen, den Leuten des Bildes. Sie könnten dadurch, daß sie sich tatsächlich weigern, sich zu erklären, na, wie soll man das bescheiden ausdrücken, daß sie sich der Sprache verweigerten, das Bild ganz mit Beschlag belegen.

Ich denke das schon lange, aber habe es nie zu sagen gewagt, nur heute. Ich sage das immer lauter.

Michelle Porte

Als hätten die Menschen künstliche Kategorien geschaffen.

Marguerite Duras

Ja. Ja, genau... um den anderen den Eintritt zu verwehren. Mich hat man jahrelang am Eintritt ins Filmgeschäft gehindert, dessen bin ich mir sicher.

Michelle Porte

Man hat gesagt: »Sie ist Schriftstellerin; warum bleibt sie nicht dabei und macht jetzt Filme?«

Marguerite Duras

Ja, man hat gesagt: Soll sie Drehbücher machen, Bücher schreiben, aber sich nicht in die Bildproduktion einmischen, weil sie davon nichts versteht. Kein Schriftsteller unserer Zeit, der etwas taugt, hätte die Unverschämtheit, die Selbstüberschätzung, sowas zu sagen... Die Filmemacher sind von einer Anmaßung, einer ganz bestimmten Einbildung, die wir Schriftsteller nicht haben... Jemand sagte neulich im Fernsehen: Godard ist der Mann, der folgendes erfunden hat: Wenn man früher einen Typen zeigte, der seine Wohnung verließ und der zum Beispiel eine Bar betrat, dann zeigte man zuerst den Typen, wie er aus seiner Wohnung ging, dann zeigte man ihn auf seinem Weg, dann den Typen, wie er in der Bar ankommt. Godard hat folgendes erfunden: Der Mann geht zur Tür hinaus, dann sieht man ihn in der Bar wieder.

Michelle Porte

Dann hatte man also kein Vertrauen in den Zuschauer?

Marguerite Duras

Nein. Man hält den Zuschauer für ein Kind. Das kinematographische Schauspiel ist ein infantiles Schauspiel... Wenn man im Fernsehen zum Beispiel alte Filme sieht, dann wird der Zuschauer wie ein zurückgebliebenes Kind behandelt, wie wenn er geschädigt wäre, als müsse man alles stellvertretend für ihn tun.

Das alles bestärkt mich in dem Verdacht, den ich ausformuliert in mir herumtrage – wenn ich drehe, ist er auf jeder Ebene da –, daß der Film als fundamentale Funktion nicht existiert. Daß es sich um eine Sammelbüchse von fehlgeleitetem, gescheitertem Ehrgeiz, von verschiedenen Kümmernissen handelt. Und gleichzeitig ist mir gerade das sympathisch, ich muß mich vor den Spitzeln und Geheimagenten des Filmgeschäftes hüten, vor seinen Bewachern, die sagen: Da voll auf Bild gehen, keine überflüssigen Worte – die überflüssigen Worte hingegen, das ist die losgelassene, die befreite Sprache. Überflüssige Worte sind etwas Wundervolles. Bei jedem meiner Filme sehe ich folgendes Bild: Ein Supermarkt, der alles um sich herum ruiniert und der seine Befehle diktiert: Entweder läuft alles über uns, oder ihr seid tot.

Michelle Porte

Ihre Arbeit am »Lastwagen« scheinen Sie bereits in Ihren früheren Filmen eingeleitet zu haben, seit »India Song« und »Son nom de Venise«...

Marguerite Duras

Der »Lastwagen« entstand ganz natürlich. Jedermann war entspannt. Es war ganz einfach. Es wäre weniger richtig gewesen, wenn wir im Innern eines

Lastwagens einen geschauspielerten Film gedreht hätten. Ja, schon in »India Song« hatte ich auf dieses Auseinanderklaffen hinzuarbeiten angefangen, da dort die Schauspieler nicht mehr nur die Schauspieler sind. Aber in »Vera Baxter« tat ich einen Schritt zurück. Dort gibt es Schauspieler. »Vera Baxter« bleibt ein Film, der außerhalb von mir bleibt. Ich glaube, daß ein Film, wenn Sie wollen, in die Leidenschaft und ins Drehen und in den Hintergrund, in die Form und in den Hintergrund und in die Behandlung des Themas und in die Technik ganz eintauchen muß, ebenso muß er in einem der Lust und der Leidenschaft entsprechenden Ausmaß eintauchen. In »Vera Baxter« ist das nicht geschehen, und im »Lastwagen« ist das geschehen. Ich habe eine unvergeßliche Erinnerung an den »Lastwagen«. Eines Abends ist Depardieu weggegangen, und ich habe die Geschichte der Entbindung der Mutter vom kleinen Abraham erzählt, der Tochter der Frau im Lastwagen. Das Bild blieb stehen, wir drehten mit 120-Meter-Spulen, und der Operator gab mir ein Zeichen, ich solle fortfahren; und ich habe gesehen, wie die ganze Mannschaft der Geschichte zuhörte und mir lieber das Wort nicht abschnitt, um selber die ganze Geschichte für sich allein zu hören, statt mir das Wort abzuschneiden und neu zu drehen. Das werde ich nie vergessen. Sie ließen mich lieber weiterreden – es war ziemlich grausam: Nachher gefiel es mir gar nicht –, als daß sie sich ums Ende der Geschichte gebracht hätten. Daran habe ich seither wieder gedacht. Ich finde es großartig, daß eine Mannschaft sowas tun kann. Bruno hat mir ein Zeichen gegeben:

Erzähl weiter. Ich habe weitererzählt. Erst nach drei, vier Minuten habe ich begriffen, daß die Kamera nicht mehr lief. Es war, als befreie sich die Mannschaft.

Michelle Porte

Ja, zweifellos, eine Freiheit wie die im Film. Der Zauber liegt auch darin, daß man bei diesem Film nie weiß, wo man ist, man weiß nicht, ist man bei Depardieu und bei Ihnen, oder im Lastwagen, diesem geschlossenen Raum, oder auf dieser Straße, auf der man unendlich weiterfährt. Man weiß nicht, ist dieser Lastwagenfahrer der Mann, der Ihnen zuhört, man weiß nicht, sind Sie diese Frau, von der Sie sprechen, oder sind Sie sie nicht. Es entsteht ein unaufhörliches Gleiten von der äußeren Ebene zur inneren, von den heraufbeschworenen Figuren zu jenen, die man auf der Leinwand sieht.

Marguerite Duras

Ja, das mag ich sehr. Da gerät man in die Geistesverfassung, in der ich war, als ich den »Lastwagen« schrieb. Zum erstenmal in meinem Leben habe ich mich überhaupt nicht um eine bestimmte Logik gekümmert. Ich habe mich ganz gehenlassen, und dann konnte ich nicht mehr schlafen und sagte mir: Na gut, jetzt geht nichts mehr, du bist entgleist. Jetzt sehe ich, daß es nicht so war. Bin ich kreuz und quer gelaufen? Ich bin kreuz und quer gelaufen.

Michelle Porte

Weil ich Sie, Marguerite, kenne, scheint mir, dieser Film stehe Ihnen sehr nahe, näher als alles, was Sie im Film gemacht haben... in diesem offensichtlichen Fehlen von Logik.

Marguerite Duras

Ach so! Aber daran habe ich nicht absichtlich gearbeitet. Plötzlich wird vom Proletariat gesprochen: also spricht man plötzlich vom Proletariat, einfach so. Das wird nicht über ein logisches Bindeglied herbeigeführt. Es gibt schon eines, aber hinter den Worten. Und das politische Problem wird mit dem Satz angesprochen: »Sie sagt die Worte: Proletariat, Arbeiterklasse.« So habe ich es gehört, und ich wollte keine logische Verbindung zwischen den Sätzen. Es war nicht möglich. Es wäre nie diese Geschmeidigkeit, diese Art von Offenheit entstanden, der Film ist wirklich überall wie durchlöchert, es ist ein Film, bei dem man in jedem beliebigen Augenblick einsteigen kann, er besteht nur aus Öffnungen nach außen.

Michelle Porte

Ja, er öffnet sich überallhin. Im Film sagen Sie: »Alles hängt mit allem zusammen. Überall. Immer zur gleichen Zeit.« Sie fügen hinzu: »Das ist es, was ich glaube.«

Marguerite Duras

Ja. Sie fügt hinzu: »Das ist es, was ich glaube.« Diese Frau, die jeden Tag ihr Leben Vorbeigehenden erzählt, hat nur das zu erzählen, und sie erzählt es. Sie würde mit geringerer Kraft existieren, wenn sie durch eine Schauspielerin *dargestellt* würde. In einem Film, wo sie nicht personifiziert wird, existiert sie mit unendlich viel mehr Kraft. Täglich sehe ich auf der Straße drei solche Frauen wie die aus dem Lastwagen. Wenn eine Schauspielerin sie dargestellt hätte, sähe ich keine einzige mehr. Selbst wenn es eine große Schauspielerin wie Signoret oder Flon wäre, sähe ich sie nicht mehr überall auf der Straße, sie befände sich nicht mehr unter den Vorübergehenden, im dichten Verkehr, in dem ich sie den ganzen Film hindurch stecken lasse. Ich bin sicher, die Leute, die den »Lastwagen« gesehen haben, werden die Frau aus dem Lastwagen ziemlich überall sehen.

Michelle Porte

Sie ist Frau Jedermann.

Marguerite Duras

Ja, sie ist Frau Jedermann. Vielleicht ist das eine der Öffnungen: sie wird nicht dargestellt, Darstellungen gibt es nicht. Man kann nicht sagen, es gebe keine Regie, Sprachregie gibt es, es gibt auftauchende Bilder, Bilder von Yvelines, aber die Geschichte wird nicht dargestellt.

Michelle Porte

Ja, das einzige Sichtbare ist das Behältnis der Geschichte, dieser Lastwagen, der fährt.

Marguerite Duras

Wissen Sie, ich habe in Indochina gelebt. Ich bin dort geboren, und Europa wurde mir nur von meiner Mutter erzählt. Sie erinnerte uns immer daran, daß wir Franzosen seien, daß sie aus dem Pas-de-Calais stamme, daß sie Bauernkind sei, usw. Sie erzählte mir Geschichten. Ich habe fast alles vergessen, was ich gelesen habe. Ich habe nie die Geschichten vergessen, die mir meine Mutter von ihrer Kindheit erzählte. Nie. Die Abende in einem Bauernhaus, das Croisette hieß, im Pas-de-Calais. Sie waren fünfundzwanzig Leute. Da waren Landarbeiter. Die Vettern. Die Tanten und Onkel. Alle lebten in einer Wohngemeinschaft. Manchmal tanzten sie im Hof des Bauernhauses. Ich sehe alles vor mir. Ich habe vieles vergessen, ich habe vielleicht sogar »Le Rouge et le Noir« vergessen, Pascal habe ich nicht vergessen, ich habe wahrscheinlich die Stendhalschen Formulierungen vergessen, aber ich habe die Geschichten meiner Mutter nicht vergessen. Es waren mündliche Geschichten. Vor zwei Jahren bin ich in den Norden gefahren, um mir die Örtlichkeiten, dieses Bauernhaus anzuschauen: Croisette. Das Bauernhaus steht noch immer. Ich habe es erkannt.

Michelle Porte

Mir scheint, wenn Sie für das, was Sie im Film tun, eine Schauspielerin genommen hätten, dann hätten Sie dem Film eine Dimension, eine Stärke weggenommen; sie beruht auf...

Marguerite Duras

...der Improvisation?

Michelle Porte

Nicht nur. Sicher auf dem, was improvisiert wird, aber nicht nur. Im Film sieht man Sie, Marguerite Duras, Schriftstellerin, Sie lesen uns persönlich die Geschichte vor, die Sie soeben geschrieben haben. Man findet darin so etwas wie die Kraft eines Dokuments.

Marguerite Duras

Vielleicht wirkt es so, wie ich schreibe, die Sprache kommt heraus, als wäre sie geschrieben?

Michelle Porte

Genau so; und dann entsteht der Film, den Sie gern machen würden, da, mit Ihnen, vor uns und mit uns. Da wird nicht geschummelt.

Marguerite Duras

Wenn ich von ihr spreche, wenn ich von dem Paar im

Lastwagen spreche, dann sehe ich sie, ich stehe fast wie unter Diktat, ich sehe sie, und ich glaube, genau das teile ich mit... Der immer wiederkehrende Satz: »Sie schließt die Augen, sie singt«, ist das Innenleben. Wenn man im Raum eingeschlossen sitzt, dann sieht man den Lastwagen, nachdem man in die Dunkelkammer eingeschlossen worden ist. Das verhält sich gleich wie bei ihren geschlossenen Augen. Sie sieht, sobald sie die Augen schließt. Was an der Welt unerträglich ist, sieht sie noch stärker, wenn sie die Augen schließt, und ich sehe den Lastwagen noch deutlicher, wenn ich ihn nicht sehe.

Der Film ist in einem geschlossenen Raum gedreht worden, das heißt, Vorhänge zugezogen, elektrische Lampen angedreht, das heißt, im Dunkel. Ich hätte nie daran gedacht... naja, jetzt fällt es mir auf... ich hätte nie daran gedacht, ihn bei Tageslicht vorzulesen. Ich weiß nicht, vielleicht liest man immer bei künstlichem Licht; den Ort, wo man spricht, nenne ich die Dunkelkammer. Ich sage: Lesezimmer oder Dunkelkammer. Es scheint mir, die Reichweite der Sprache hätte sich an einem hellen Ort irgendwie verzettelt. Das Lesen gehört zur Dunkelheit, zur Nacht. Sogar wenn man draußen bei hellem Tageslicht liest, wird es ums Buch herum Nacht.

Michelle Porte

Also wie beim Schreiben?

Marguerite Duras

Ja; Lesen, Schreiben ist dasselbe; jetzt weiß man es.

Michelle Porte

Die Frau im Lastwagen und der Fahrer sind ebenfalls in einer Dunkelkammer eingeschlossen, und im

Film sprechen Sie vom Außenlicht wie von einer Drohung.

Marguerite Duras

Wir befinden uns an einem immergleichen, völlig identischen Ort. Der geschlossene Ort der Kabine ist das erste Eingeschlossensein des Films, dort entsteht die Niederschrift. Das zweite Eingeschlossensein, das der Dunkelkammer, wo ich mit Depardieu bin, ist das, wo Ihnen das Geschriebene vorgelesen, wo es dem Publikum enthüllt wird, sozusagen. Der Rest des Films ist leer, ohne Figuren, es gibt nur dieses Objekt, den Lastwagen, er ist ein Transportfahrzeug, fast hätte ich gesagt: Für den Text. Das alles ist sehr verwirrend, denn es scheint fast, als könne man im Film viel Neues machen, ohne daß man sich vom Publikum entfernt.

Michelle Porte

Sie sagen, die Niederschrift entstehe in der Kabine des Lastwagens, und im Zimmer, in dem Sie mit Depardieu sind, werde die Niederschrift vorgelesen.

Marguerite Duras

Ja. Von diesem Ort geht das Geschriebene aus, um nach außen zu dringen.

Michelle Porte

Im Film hat man den Eindruck, man sehe den Schreibprozeß selber ablaufen, das Phänomen der literarischen Schöpfung.

Marguerite Duras

Aber ich glaube, man muß bei der literarischen Kreation einfach nur anfangen, mit einer gewissen Überzeugung, gewiß, und dann geht's weiter. Ich glaube, das Geschriebene zieht Geschriebenes nach sich, und so fort bis ins Unendliche. Da habe ich den Film angehalten, aber ich hätte auch weitermachen können. Ich hatte große Angst vor einem zu langen Film, ich hatte große Angst vor einem Film von einunddreiviertel, zwei Stunden Länge, Angst fürs Publikum... Ich habe mir gesagt: sie werden eine so reine, klare Sprache nicht ertragen... Ich habe keine zwei Stunden Sprache gewagt... Ich glaube, es genügt, sich in die Lage des Schreibens zu versetzen, und dann fängt's an, man muß nur wollen... Ich finde keine anderen Definitionen...

Michelle Porte

Was geschieht denn da eigentlich? Es gibt Menschen, die würden ja so gern wollen, aber sie schreiben nie... naja, ich spreche vom wirklichen Schreiben...

Marguerite Duras

Sie wollen es eben nicht wirklich, oder vielmehr, sie haben keine wirkliche Lust darauf. Oder vielleicht sind sie nicht an ihre Triebkräfte angeschlossen. Es gibt ja ein Schreiben, das nicht an seine Triebkräfte angeschlossen ist, häufig, sehr häufig. Das ist kein Schreiben, das kommt von außen, es soll nicht von außen kommen, es soll eine Art innerer Antrieb sein. Ich will nicht sagen: Des Körpers, weil damit Schluß ist, ich will davon nichts mehr hören... (Lachen). Die Frauen reden über ihren Körper, einfach so, ständig, ich will davon nichts mehr hören, absolut nicht. Ein innerer, sage ich, ein innerer Antrieb ist es, ja doch. Man muß schreiben wollen, ehe man weiß was, bevor man diese oder jene Geschichte schreiben will. Man schreibt die ganze Zeit, man hat eine Art Wohnung in sich, eine Art Schattenreich, dort fließt alles hin, dort sammelt sich, häuft sich die gesamte Masse des Erlebten an. Sie stellt die Primärmaterie des Schreibens dar, die Mine, in der alles Schreiben schürft. Dieses »Vergessene« ist das noch nicht Geschriebene: Es ist das Schreiben selber.

Im Film transportiert der Lastwagen diese Masse. Alles Geschriebene der Welt. Als ließe sich das messen, wägen: Zweiunddreißig Tonnen Geschriebenes, das gefällt mir. Das nenne ich: Das Bild. Aber dieses universelle Schreiben ist im »Lastwagen« durchgemischt, es ist das des Zuschauers, es ist meines, alles ist in eins geschmolzen: Eine schwarze und vergessene Masse, die fährt und in ihrer Vergangenheit die Welt durchquert. Aber lebend. Nicht tot. Läßt sich für alles brauchen. Für die größten politischen Irrtümer der Menschheitsgeschichte. Für ein Gedicht Mallarmés. Für ein Leiden ohne einsehbaren Grund, das eine Frau durchfährt, irgendwo, eines Abends, und von dem niemals irgendwo ein Wort gesagt werden wird.

Man vergißt achtzig Prozent dessen, was man im Leben erlebt, man würde verrückt, man würde sterben, wenn man die ganze gelebte Zeit im Gedächtnis präsent hätte, man stürbe, es wäre unerträglich. Es wäre ein bißchen so, als gäbe es den Tod nicht: Es gibt in der Welt draußen soviel Erlebtes wie in einem einzigen Menschen. Seit der frühen Epoche Ägyptens insgesamt nicht mehr als in einem einzigen Menschen. Das glaube ich, jawohl. Man sagt immer, das Vergessen sei ein Fehler, aber zum Glück gibt es das; wenn man sich an alles erinnerte, an die Schmerzen, die Leidenschaften, die Freuden, würde der jetzige Augenblick ausgelöscht, völlig zerstört, es gäbe ihn nicht mehr... Das Vergessen ist das wahre Gedächtnis. Ich glaube ausschließlich an die physiologische Erklärung von allem, dem Erlebten, dem Geschriebenen, dem Vergessen, der Erinnerung, ich glaube, das alles ist sehr gut eingerichtet.

Michelle Porte

Der politische Aspekt des Films hat mich heute abend bei der Vorführung sehr berührt, diese völlig verzweifelte Sicht der Dinge.

Marguerite Duras

Verzweifelt und fröhlich.

Michelle Porte

Im Film sagen Sie: »Soll die Welt zugrunde gehen, das ist die einzige Politik.«

Marguerite Duras

Aber sie erlebt alles mit einer gewissen Lust, weil sie dabei angesichts der Unerträglichkeit der Welt private Lösungen ausheckt, zum Beispiel, jeden Abend Anhalterin zu werden und ihr Leben zu erfinden.

Sie ist mir wie eine Schwester, die Frau aus dem Lastwagen, sie ist ein Mensch, für den ich Liebe empfinde, das ist mir seit »India Song« nicht mehr zugestoßen, ich liebe sie tief, und alle um mich lieben sie tief, diese Frau aus dem Lastwagen, die natürlich in der heutigen Welt nicht leben kann, die Stalinisten würden sagen, sie sei entfremdet. Als wäre Entfremdung an sich eine Definition. Schriftsteller und freie Menschen werden so behandelt. In der Gesellschaft wird Freiheit behandelt wie Verrücktheit. Die Frau ist frei, sie lacht, als er ihr sagt: »Sie sind reaktionär«, sie lacht, als er ihr sagt: »Sie kommen aus der psychiatrischen Anstalt«, sie lacht, sie sagt: »Ach, kennen Sie sie?« Als erzähle er ihr von einem Dorf, das sie beide gemeinsam kennen.

Michelle Porte

Mir gefällt auch sehr, daß Sie im Film »Die Welt soll zugrunde gehen« während der langen Kamerafahrten über die Industriezone von Yvelines gesagt haben.

Marguerite Duras

Alles ist zwischen Trappes und Plaisir gedreht worden, das heißt ungefähr: In der Hauptstadt der Gastarbeiter Frankreichs. Ich weiß nicht, wie viele es sind, vielleicht eine Million, zwei Millionen in der Gegend. Alle diese tödlichen Mietshäuser sind für sie gebaut worden, es sind die Versuchslabors der Pariser Architekten. Alle Franzosen haben sich davor in Sicherheit gebracht. Ich muß sagen, daß sich am Anfang auch die Portugiesen aus den Wohnungen, die man ihnen zuteilte, davongemacht haben, um in ihre Wohnwagen und Slums zurückzukehren, weil sie in den Slums zusammen waren, abends konnten sie zusammen essen, sich treffen. In den Slums gab es eine richtige Gemeinschaft. Man hat sie zerstört. Man hat die Blöcke, die Sie im Film sehen, an ihre Stelle gesetzt, diese fabelhaft aufeinandergetürmten Wohnstätten. Anstelle eines Wohnwagens stehen jetzt zwischen sieben und zwölf aufeinandergeschichtete Wohnungen. In Peking ist es genauso, in Mexiko, in Madrid. Mir sind Slums lieber, ohne Wasser, ohne Komfort, sogar wenn sie abbrennen, sind sie mir lieber.

Michelle Porte

Das sieht man, fühlt man aber im Film.

Marguerite Duras

Man sieht, es leben Leute auf der Heide, es ist nämlich eine richtige Heide, nicht nur in der Nähe der großen Wohnsiedlungen, sondern auch bei den großen Kaufmärkten wie zum Beispiel Auchan mit mehreren Hektar Fläche, wo die Portugiesen, die Malier, die Spanier, die Araber ihren ganzen Zahltag ausgeben, alles, dort kaufen sie alles, ihre Möbel, ihre Kleider, ihre Nahrung, ihr Auto, ihr Begräbnis, alles kauft man da. Da wird ihnen alles wieder genommen, ihr Lohn, ihre Ersparnisse. Und was die Gastarbeiter bauen, sind ihre eigenen Wohnungen, ist ihr eigenes Konzentrationslager – ähnliches Verstautwerden. Früher haben so die Schwerverbrecher ihre eigenen Gräber ausgehoben. Kein Café, kein Kino. Horten von Geld, um heimreisen zu können, das ist ihr einziges Lebensziel. Das ist ihr Leben. Die Gastarbeiter sind daran, an der Illusion des Geldes zu verrecken wie die Reichen. Das ist Terror. Allmählich verlieren auch sie jeden Willen zur Ablehnung, zur Revolte, sagen wir es klar: Jeden revolutionären Geist.

Michelle Porte

Vor diesen Bildern, die man immerhin kennt, denn diese Umgebung von Paris haben wir im Film alle durchquert, vor diesen wahnwitzigen Anhäufungen von wie Pilze aus dem Boden geschossenen Mietshäusern, von Waren, von Eisenbahnzügen, von Lastwagen, da kommt einem zum Bewußtsein, daß die Welt tatsächlich schon am Zugrundegehen ist.

Marguerite Duras

Ja, es hat angefangen. Um so besser. Um so besser.

Um so besser. Ich will sagen: Man glaubt nichts mehr. Man glaubt; das ist es, was man glaubt: Nichts mehr. Eine neue Freude: *Man glaubt* nichts mehr.

AM FOLGENDEN TAG

Marguerite Duras

Wenn ich an meine anderen Filme vor diesem Film denke, dann sage ich mir, das ist ein Film, der einem jeden Mut nehmen muß, Filme zu machen (Lachen) ... in einem gewissen Sinn... Finden Sie nicht? Wenn ich vor dem Drehen einer Geschichte stünde und ich sähe diesen Film, dann weiß ich nicht, ob ich meinen machen würde.

Michelle Porte

Ja, schon, er nimmt einem den Mut zu einer bestimmten Art Film, ja sicher, das schon.

Marguerite Duras

Für mich geht mit diesem Film etwas zu Ende.

Michelle Porte

Wollen Sie sagen: ein bestimmter Erzählstil?

Marguerite Duras

Ja, sicher, und dann weiß ich auch nicht, wo ich mich hinentwickle.

Michelle Porte

Aber diese Zerstörung der Darstellung hat für Sie schon in »India Song« begonnen, dann in »Son nom de Venise«, und hier geht das jetzt natürlich noch viel weiter...

1974 haben Sie in »Image et Son« geschrieben: »Das Kino entsteht im Zuschauer.«

Marguerite Duras

Ja, in einem Artikel, den *The Listener* bei mir bestellt

hat. Der, der soeben in *Le Monde* erschien, ist von der *New York Times* bestellt worden.

Michelle Porte

Sie haben gesagt: »Bevor es zum Film kommt, schöpft der Filmemacher aus einem Buch, dessen Schrift sich nicht verwirklichen wird, die aber im kreativen Prozeß die Stelle der Schrift einnimmt. Er steigt über dieses Buch hinweg und findet sich an der Stelle seiner Lektüre, eben an der des Zuschauers.«

Marguerite Duras

Das würde den »Lastwagen« vollständig erklären. War das, was ich im »Lastwagen« lese, zum Schreiben oder zum Filmen bestimmt? Vergessen Sie nicht, daß am Anfang Schauspieler den Text hätten sprechen sollen... na ja, einen Text. Sie hätten einen Text gesprochen, den ich nie gemacht habe, aber im Prinzip hätten sie von den Wikingern geredet, will sagen, ich habe mit dem Gewöhnlichsten angefangen. In der Landschaft hätte es nichts mehr zu sehen gegeben, und die Frau hätte gesagt: »Schauen Sie mal, wenn man bedenkt, daß sie von da hergekommen sind.« Es fing alles ganz platt, ganz gewöhnlich an. Das geschieht mir oft. Und dann sind viele Dinge im Projekt Stück für Stück untergegangen... Am Anfang habe ich geglaubt, es sei eine Geschichte zwischen dem Fahrer des Lastwagens und der Frau. Tatsächlich war es eine politische Geschichte. Es war auch meine Geschichte mit der Politik. Wie wichtig das war, wie sehr das für den ganzen Rest entscheidend gewesen ist, sehe ich jetzt, wo der Film fertig ist. Ich hatte es vorher nie bis zu dem Punkt begriffen.

Michelle Porte

Die Geschichte Ihres politischen Engagements?

Marguerite Duras

Ja. Ich kann jetzt, von diesem Film an, sagen, daß ich, vom politischen Standpunkt aus gesehen, die Angst losgeworden bin. Wissen Sie, so wie man sagt: Den Glauben verlieren. Seit zehn Jahren dachte ich, die Angst habe mich verlassen, seit 1968. Das war nicht wahr, das war nicht ganz wahr. Jetzt hat sie mich verlassen, ja. Ich habe es gestern abend begriffen, als ich den Film ununterbrochen angesehen habe. Ich habe keine Angst mehr. Ich habe keine Angst mehr, man könnte mich für eine Antikommunistin halten. Das berühmte stalinistische Axiom: »Wenn du nicht für uns bist, bist du gegen uns«, ist vorbei, von jetzt an kann ich darüber nur lachen.

Michelle Porte

Als im Film die Frau antikommunistische Reden hält, sagt er ihr: »Ach, ich verstehe, Sie sind reaktionär«, oder auch: »Sie kommen aus der Anstalt von Gouchy«, für den Fahrer ist offenbar nichts anderes möglich. Im Film sagen Sie: Arbeitgeber und Proletariat haben dieselbe Politik.

Marguerite Duras

Ja, absolut. Die ganze Politik der KPF seit zwanzig, dreißig Jahren dient dazu, die Revolution zu verhindern. Einerseits, weil eine Revolution, die nicht nach stalinistischem Modell wäre, von den sowjetischen Unternehmern verboten würde. Andrerseits besteht die Angst, die Strömungen freier politischer Kraft, die es in Frankreich mehr und mehr gibt, nicht meistern zu können, die Angst, die Partie zu verlieren, ge-

genüber der Imagination der Völker, gegenüber der Utopie, der Poesie, der Liebe, das Spiel aufgeben zu müssen. Wie soll man so etwas wie Liebe politisch meistern?
1968 ist das alles ganz klar gewesen. Wäre da nicht die Arbeiterjugend gewesen, wäre die 68er Bewegung nicht entstanden. Die ganze Politik der C. G. T.* und der kommunistischen Partei bestand darin, die Sache zu verhindern, der ganze sowjetische Kommentar in den Zeitungen lief darauf hinaus: »Nur der Gaullismus kann Frankreich retten, diese dämlichen Idioten von Franzosen glauben, eine freie Revolution sei möglich«, usw. Das sollte man immerhin nicht vergessen. Erst als die C. G. T. begriffen hat, daß sie nicht mehr fähig war, den Frühling 68 aufzuhalten, ist sie »auf den fahrenden Zug gesprungen«, zusammen mit der KPF. Wie grauenhaft sie war, die Stimmung der C. G. T. und der KPF, bitter, neidisch, das Gegenteil jeder Brüderlichkeit – und das in diesem Ozean von Erneuerung, der über Paris brandete, in dieser Liebe, die uns durchdrang. Sie waren wie Tote. Ich glaube nicht mehr an die eine und einzige marxistische revolutionäre Lösung, soweit sie sich als die eine und einzige Lösung anbietet. Bis hierher ist die Entfremdung des Menschen, die sich daraus ergab, von derselben Art – fast schlimmer gewesen als die andere, jene, gegen die sie kämpfte. Das aktive Mitglied der KPF ist für mich, sage ich, ein Mensch, dessen Freiheit, dessen Sinn für Freiheit Schaden genommen hat, jemand, der vom größten aller Übel befallen ist: dem der Macht. Jemand, der anderen seine Idee *aufzwingt*.

* kommunistisch orientierte Gewerkschaft

Ich glaube an die politische Utopie, will sagen, ich glaube fest an die Bewegung von Allende, die vielleicht das wichtigste Ereignis seit 1917 ist, zusammen mit den ersten Augenblicken, den ersten Jahren Kubas. Die Utopie bringt die Ideen der Linken voran, selbst wenn sie scheitert. 68 ist gescheitert, es war ein fabelhafter Schritt nach vorn für die Ideen der Linken, für das, was man lange den kommunistischen Anspruch genannt hat; was aber heute nichts mehr bedeutet. Man kann nur das tun... Man kann nur immer wieder Dinge ausprobieren, sogar wenn sie zum Scheitern verurteilt sind. Sogar im Scheitern sind es die einzigen, die den Geist der Revolution voranbringen. So wie die Dichtung die Liebe voranbringt. Alles ist wechselseitig verknüpft. Es gibt keine – wahre – Dichtung, die nicht revolutionär wäre. Wenn Baudelaire von Liebenden, von der Lust spricht, steht er mitten im Glutatem der Revolution. Wenn die Mitglieder des Zentralkomitees von der Revolution sprechen, ist das Pornographie.

Michelle Porte

Die Frau im Lastwagen sagt, sie halte jede Revolution für unmöglich.

Marguerite Duras

Ja. Das sagt sie. Ich sage es. Die kurzsichtigen, die verlogenen, die kleinlichen Geister sagen: »68 ist nicht geglückt, also ist es ein Mißerfolg«, und 68 ist noch jetzt da, ganz da, es ist eine totale Errungenschaft, völlig positiv, auch wenn es gescheitert ist. Chile ist völlig positiv, auch wenn es blutig geendet hat. Ich denke das schon lange, ich denke das schon zehn Jahre, seit 68, aber ich habe es nie in einem Film zu sagen gewagt, ja, gewagt: Jetzt, in »Der Lastwagen« merke ich, daß ich in all dem frei bin. Ich kann von der Politik einen Schwenk nach Beauce machen, von Beauce zur Reise der Frau, von der Frau zu den transportierten Gütern, zur Einsamkeit, zum Schreiben, zu den Häusern, in denen sie gewohnt hat. Frei. Ich kann denken, ich kann frei sagen, daß der innere Druck der Gewässer in der Erde und ihr Erscheinen an der Oberfläche von gleicher Natur sind wie der Mensch im Hinblick auf die Revolte, dessen Inneres sein Äußeres wird, dessen Unterwerfung, deren Opfer er ist, an den Tag kommt. Ich kann auch sagen, daß ich keinen Respekt habe vor den Händen der Arbeiter, die die obszönen Stigmata der Arbeit tragen, ebenso wie ich nicht den geringsten Respekt vor der Arbeit des Arbeiters habe. Die ganze Zeit spricht man von »sich erfahren«, von »sich finden« – man schließt sich in sich selber ein – während man ja nur nach außen blicken, sich der Betrachtung überlassen muß, in Freiheit. Wissen Sie, das ist vorbei: Die politischen Filme glorifizieren in meinen Augen das Verdienst des Arbeiters und machen aus den Proletariern Heilige der Arbeit, das heißt, sie glorifizieren die kapitalistische Besetzung der Arbeit. Vor sogenannten politischen Filmen laufe ich davon, ich gehe nie mehr hin: Für mich sind das die reaktionären Filme. Reaktionäre Filme im eigentlichen Wortsinn gibt es nicht mehr; der Film bricht darunter zusammen, daß er es so gut meint. Er ist die vorsichtigste aller Künste. Man muß die politische Logik verlassen, um auf anderem Weg wieder zur Politik zu stoßen. Wenn man in dieser rhetorischen Mühle drinbleibt, kommt man nicht heraus. Sie wird zum Selbstzweck.

Michelle Porte

Im Film sagen Sie, die Politik des Proletariats und der Arbeitgeber bestehe darin, den Menschen in seiner Grundbedingung zu verstümmeln, der seiner eigenen Widersprüchlichkeit.

Marguerite Duras

Ich habe davon gesprochen, aber in der Form ist es nirgends aufgenommen worden. Als ich in der KP war, sieben, acht Jahre, eine völlig autistische Sache, wenn Sie wollen, hielt ich sowohl an der Zweierbeziehung als an der Familie fest. Ich untersagte mir jede Ungeselligkeit, denn ich wußte sehr wohl, wenn man mir den Befehl gäbe, von Tür zu Tür zu gehen, Wahlplakate zu kleben usw., da wußte ich sehr wohl, daß es in mir jemand gab, der schrie, sie weigere sich, daß ich aber diesen Jemand, diese Widersprüchlichkeit, meine eigenen linken Auffassungen völlig unterdrückte.

Michelle Porte

Sie haben totale Selbstzensur geübt.

Marguerite Duras

Ja. Das einzige, was mich an der chinesischen Revolution beruhigt hat: Daß ich jetzt weiß, es gibt in China eine Protestbewegung; endlich weiß man es. In der KPF verblieb ich in einer familiären oder partnerschaftlichen Gehorsamsstruktur, und das nicht nur, weil ich eine Frau war, sondern allen Mitgliedern der KP geht es so. Heute gilt für mich: Zugehörigkeit zu einer politischen Gruppe gleich Neurose; es heißt, sich irgendwo einnisten, um mitgetragen zu werden, sich in die Hände einer Maschine zu begeben, die einen trägt. Einverstanden?

Michelle Porte

Ja, völlig, aber mir scheint, davon sprechen Sie im Film ganz klar, Sie entlarven ...

Marguerite Duras

Ich spreche davon schon in »Vera Baxter«. Ich mache zum Beispiel dem Organisator »Jean Baxter« keinen kurzen Prozeß; er ist ein Schweinehund, ein Strohmann, ein Reicher, ein armer Reicher, was soll's; zumindest anerkenne ich, daß er es in aller Bescheidenheit weiß, von seiner Mittelmäßigkeit überzeugt ist, daß er der Prototyp eines Mitläufers ist, daß er tut, was alle Leute tun, sowohl Geld verdienen wie auf die Balearen zu reisen, das alles. Weil es auch einen Rassismus den Reichen gegenüber gibt. Die Reichen sind nicht nur das eine, nämlich reich. Niemand ist ausschließlich arm oder ausschließlich reich oder ausschließlich ein Lügner oder ausschließlich aufrichtig, gut, schlecht, das ist niemand.

Michelle Porte

Im Film klagen Sie auch den Rassismus an, der darin besteht, daß man sagt: Es gibt nur eine Angst, die es wert ist, berücksichtigt zu werden, nämlich die materielle Angst, also die des Proletariats.

Marguerite Duras

Richtig. Seit dreißig Jahren leide ich darunter. Ich sage »darunter«. In den ersten Jahren meiner Mitgliedschaft bei der KP habe ich verheimlicht, daß ich schrieb. Diese entsetzlichen Schuldgefühle à la Sartre, dieser entsetzlich auf den Kopf gestellte Stolz, diese stolze Demut, ich habe sie erlebt, ich wagte nicht zu sagen, ich schreibe, ich wagte nicht zu sagen, ich hätte an der Universität studiert. Man hat mich gelehrt zu verachten: Die Reaktionäre, die Trotzkisten, die Reichen, die Schriftsteller, die Intellektuellen, die Gläubigen zu verachten, das hat man mir acht Jahre lang beigebracht. Schauen Sie doch, was der Bardot passiert, der Bardot wird gesagt: »Kümmern Sie sich nicht um die Robben, kümmern Sie sich lieber um die Schwarzen in Uganda.« Robben und Menschen sind aber dasselbe, der Vandalismus an den Robben ist derselbe wie der an den Menschen. Ein Aspekt der spezifischen Dummheit der Linken besteht auch in dieser vorgegebenen, vorgeschwätzten Hierarchie der wesentlichen Lebensformen. Wie zurückgeblieben die sind. Alle Völker dieser Erde, alle ohne Ausnahme, sind weiter als ihre Regierenden. Ebenso ist der Film überall in der Welt hinter seinem Zuschauer zurückgeblieben.

Wissen Sie, man muß da durch sein, um es zu wagen, um sich vielleicht wieder zu zeigen, um sich mit »Der Lastwagen« wieder zu zeigen, wie ich es tue. Wenn ich nicht in der KP gewesen wäre, hätte ich es vielleicht nie gewagt, schon möglich. Von außen gesehen bleiben diese ganze Institution, diese Ordnung, dieser Gehorsam, dieser tote Ort, wo kein Hauch von Revolte mehr weht, beeindruckend. Wenn man da gewesen ist, sieht man, welch leerer Begriff das ist, die Ausbeutung. Wenn die Reaktionäre mir sagen: »Sie sind Stalinistin gewesen«, dann sage ich, das stimmt, weil ich in der KPF geblieben bin.

Michelle Porte

Ist dieses politische Engagement eine der wichtigen Erfahrungen in Ihrem Leben?

Marguerite Duras

Es ist *die* Erfahrung. Die der Liebe. Zu glauben, diese Liebe könne sich via Kommunismus ausdrücken. Und dann ist es die totale Abwertung dieser Liebe: Der Marxismus am Punkt seines niedrigsten Wertes heute, seit seiner sowjetischen Krankheit und auch seit der Ausbreitung dieser Krankheit überallhin: Der Marxismus als Herrschaftsinstrument.

Michelle Porte

Das Ende jedes persönlichen Denkens.

Marguerite Duras

Ein Versuch dazu, ich erinnere mich: Ich war an einem Punkt, wo ich nicht einmal mehr ein Nachtlokal zu betreten wagte. Eines Tages hatte ich eines betreten, und das wurde im Ausschluß-Rapport festgehalten: »Ist in Nachtlokalen gesehen worden.« Ich hatte mich in Verboten aller Arten völlig eingesperrt.

Michelle Porte

Erschreckend.

Marguerite Duras

Eine festgehaltene Tatsache war auch: »Lebt mit zwei Männern zusammen«, das heißt, der Mann, den ich verlassen hatte, wurde der Freund des neuen Mannes, mit dem ich zusammenlebte. Unter den gegen mich vorgebrachten Fakten war: Lebt mit zwei Männern. Aber es gibt eine Krankheit, die besteht darin, daß man dennoch Mitglied bleibt, daß man alles schluckt. Ich will Ihnen doch noch die Geschichte von »Jaune le soleil« erzählen, weil ich will, daß sie jetzt festgehalten wird. Als ich »Jaune le soleil« gedreht habe, wurde niemand dafür bezahlt. Ricardo

Aronovitch machte mit. Eines Tages wurde er zum Syndicat Interprofessionel du Cinéma gerufen und man sagte ihm: »Paß auf, sie ist eine Antikommunistin. Paß auf, noch hast du deine Arbeitsgenehmigung nicht. Und dann weißt du noch nicht die ganze Wahrheit: In Wahrheit hat sie von der CNC dreißig Millionen Vorschuß auf die Einnahmen gekriegt und sie ›hat sie in die eigene Tasche gesteckt‹ (sic). Ihr werdet nicht bezahlt, während sie dreißig Millionen eingesteckt hat.« Ricardo sagte: »Ich verlange, daß ihr unverzüglich vor meinen Augen die CNC anruft. Ich höre mit, ob sie diesen Vorschuß gekriegt hat.« Die CNC sagte: »Sie hat nicht nur keinen Vorschuß gekriegt, sie hat nicht mal ein Gesuch um Vorschuß auf die Einnahmen gestellt.« Das ist ein Mordversuch, denn wenn ich dreißig Menschen ohne Gage arbeiten lassen kann und dreißig Millionen selbst einstecke, dann reicht es, dann muß man mich umbringen. Sie haben gesagt: »Wir haben uns getäuscht.« Das ist alles. Es ist schrecklich, denken zu müssen, daß der kommunistische Anspruch an den Menschen, der höchste von allen, tatsächlich zu solcher Schmutzigkeit verkommt. Ich halte sie für zu allem fähig, nur töten sie noch nicht, weil das in Frankreich noch gefährlich ist. In Rußland nein, da ist es das nicht mehr.

Was jetzt gerade geschieht, ich rede vom Sieg des Programme Commun, wird nicht richtig gedeutet: Anstatt zu wählen zwischen einer mittlerweile unerträglichen Finanz-Oligarchie und dem stalinistischen Regime, haben sich die Menschen mehrheitlich selbst gewählt: Sie haben sozialistisch gewählt.

Sozialistisch wählen heißt, nicht wählen. Es heißt, seinen Willen zur Vermeidung der beiden Martern, der beiden Unterdrückungen kundtun.

Michelle Porte

Im Film sprechen Sie auch von der Isolierung der Erde im Planetensystem, und Sie sagen, das schaffe eine neue politische Situation des Menschen.

Marguerite Duras

Ja. Es hat sich leicht verändert. Sie spricht von der Leere auf der Erde. Sie sagt: »Auf dem Mars hat man etwas gefunden. Wind und Steine.«

Michelle Porte

Redet im Film diese Frau im Lastwagen über alles?

Marguerite Duras

Über alles, ja.

Michelle Porte

Mir gefällt es sehr, wenn ihr der Lastwagenfahrer sagt: »Wovon reden Sie eigentlich?« Sie sagt: »Ich rede.«

Marguerite Duras

Einer der Augenblicke, die auch ich sehr mag.

Michelle Porte

Das heißt, daß das »Wovon man redet« nicht mehr das Wichtige ist.

Marguerite Duras

Ja. Was sie da von sich gibt, ist – außer den Augenblicken, wo es blitzt: Es gibt davon im Film etwa zehn – auswechselbar. Sie könnte ebensogut etwas anderes sagen als das, was sie sagt. Sie redet, sie ist in einer Neuschöpfung jedes Augenblicks befangen, sie ist in einem immer neu ansetzenden Schreiben drin, unaufhörlich.

Michelle Porte

Im Film haben Sie auch gesagt: »Der Irrtum würde seinen Platz bekommen haben.«

Marguerite Duras

Ja, die Verdrehung von Information durch jedermann. Ich habe es herausgeschnitten, ich hatte Angst, den Film mit einer theoretischen Überlegung zu befrachten.

Michelle Porte

Selbst wenn Sie diese Sätze weggelassen haben, ist das, was sie sagen, im Film gegenwärtig.

Marguerite Duras

Als der Fahrer sie fragt, wer sie ist, sagt sie, sie könne nicht auf seine Frage antworten. Sie sagt: »Wenn man mich fragt, wer ich bin, werde ich verwirrt, ich kann Ihnen keine Antwort geben.« Sie wird also vorgestellt als jemand Undefinierbares. In einem anderen Augenblick sagt sie, sie wisse, daß sie wisse, sie existiere nicht, und sie habe dafür einen gewissen Beweis, sie sagt: »Wie soll ich es sagen: Inneren? Innerlichen?«, und sie sagt: »Es geschah, als ich dort war...«, man weiß nicht, ob in den Konzentrationslagern oder in Yvelines. Ich habe dieses Gefühl selber: nicht zu existieren.

Michelle Porte

Deshalb erinnert mich diese Frau im Lastwagen an eine andere Figur von Ihnen, die Sie sehr mögen, den Narren in »La femme du Gange«, von dem Sie gesagt haben: »Er hat einen Kopf wie ein Sieb, die Dinge laufen hindurch.« Und ihr legen Sie die Worte in den Mund: »Mein Kopf ist voll Schwindel und Wind, manchmal schlafe ich, manchmal schreibe ich.« Dieser Narr, diese Frau ist der Schriftsteller, nicht? Das ist Ihr Bild vom Schreiben, Sie sagen oft, es sei etwas, das durch Sie hindurchlaufe.

Marguerite Duras

Ja, wie ein Einfangen; wie eine Funktion, die verrückt geworden ist, ein Einfangen von Äußerem, das aber, nochmal gesagt, verschluckt wird und durch die innere Schattenwelt hindurchläuft; das dort ertrinkt, im klaren Gedächtnis stirbt und das dann eines Tages da vor uns heraustritt, natürlich entstellt, und das weiße Papier bedeckt. Eines Tages sieht man eine Blume – eine Rose – man vergißt sie, zwischendurch stirbt sie – dann sieht man sie wieder, man erkennt sie und man nennt sie Anne-Marie Stretter: Die Reise der Rose von ihrer Entdeckung bis zu diesem Namen, das ist der Schmerz, das ist das Schreiben. Was schmerzhaft ist, der Schmerz – die Gefahr – das ist die Abfassung, das Auf-die-Seite-Werfen dieses Schmerzes, das ist das Aufstechen dieses schwarzen Schattens, damit er sich aufs Papier ergieße, das herauszubringen, was von Natur aus innerlich ist: Die Narren, ich habe es schon einmal gesagt, sie schreiben ganz. Ihr Gedächtnis ist außerhalb: Die fabelhafte Wegfindung durch Winde und Sümpfe, durch die Festungen, die Ozeane des Erlebten und am Ende durch die Seite aus Papier. Vielleicht ist es ein Fehler, ein Fehler gegen sich selber, die Nichterfüllung einer elementaren Pflicht, die man sich selber gegenüber hat, das glaube ich. Wir Schriftsteller haben ein sehr ärmliches persönliches Leben, ich spreche von den Leuten, die wirklich schreiben. Dieses Verzetteln seiner selber geht so oder anders vor sich.

Sie leben im totalen Mangel an persönlichem Leben, ich kenne niemanden mit weniger persönlichem Leben als mich. Man sagt mir: Du bist tätig, du machst Filme, Sie tun dies, Sie tun jenes. Das ersetzt niemals das persönliche Leben. Aber diese Abwesenheit oder vielmehr diese Zurückweisung persönlichen Lebens ist auch eine Leidenschaft. Sogar als ich vorher noch in Geschichten drin steckte, so heftig sie auch gewesen sein mochten, es ersetzte kaum je diese andere Leidenschaft, nichts zu sein, einzig nur total verfügbar für das, was von außen kommt. Manchmal ist es schwierig. Was das Schreiben am besten ersetzt, ist konkrete Arbeit. Das kommt aufs selbe heraus, wenn ich nicht schreibe, werfe ich mich auf mein Haus auf dem Land, in Neauphle, und ich arbeite wie ein Tier. *Lachen*

Michelle Porte

Dabei habe ich Sie schon gesehen...

Marguerite Duras

Ja, zehn Stunden am Tag arbeite ich. Menschen, die sich ausruhen, wissen Sie, die ruhig etwas lesen, all das, kenne ich nicht, habe es nie gekannt... nein. Manchmal, am Meeresstrand, ja, und da noch, ich langweile mich rasch am Meeresstrand, nach acht Tagen Sonnenbaden kann ich nicht mehr.

Michelle Porte

Ist die Frau im Film die Schriftstellerin? Man sagt: »Jeden Abend hält sie ein Auto an und erzählt sie dem, der drinsitzt, ihr Leben. Jeden Abend erzählt sie ihr Leben zum erstenmal. Man hört ihr mehr oder weniger zu, aber ihr ist es ziemlich egal.« Ist es die Schriftstellerin?

Marguerite Duras

Es handelt sich um eine Kollegin. *Lachen.*

Michelle Porte

Aber man hat oft den Eindruck, diese Kollegin stehe Ihnen sehr nahe, Sie seien die Frau im Lastwagen.

Marguerite Duras

Ja, aber ich genauso gut wie jemand sonst. Wissen Sie, ich kann mich ohne weiteres so sehen wie alle anderen, so wie sie. Ich sehe mich so. Wenn ich sage »Ich bewundere den ›Lastwagen‹«, oder mit einem Satz des »Lastwagens«: »Ich finde das bewundernswert« (Lachen), dann ist das, glaube ich, objektiv. Ich finde es gut, daß das von jemand anderem als mir irgendwo geschrieben worden ist. Das geschieht auch mir, geschieht mir häufig, ich rede mit Leuten in Zügen, ich bin im Gespräch mit Leuten in den Lebensmittelläden, Garagen, in Cafés usw. Dem kann ich nicht widerstehen. Und das trotz der Angst. Ich habe stets Angst, daß sie in einem bestimmten Augenblick merken, daß ich nicht anders kann als reden, und daß sie denken, ich sei nicht ganz, wie man so sagt, normal. Dennoch tue ich es immer, und immer in derselben Angst.

Michelle Porte

Reden Sie dabei von sich selbst, von Ihrem Leben?

Marguerite Duras

Von dem der anderen. Alles kommt zur Sprache. Alles und ich. Aber immer mit Angst... Übrigens schauen mich die Leute oft beunruhigt an und laufen mir weg, das ist mir oft, sehr oft geschehen.

Michelle Porte

Die Leute sind es nicht gewohnt, daß man sie einfach so anspricht, ohne Grund.

Marguerite Duras

Nein. Zweifellos nicht. Das geschieht im »Lastwagen« zwischen der Frau und dem Fahrer. Anstatt zum Beispiel einfach einen Liter Milch zu kaufen, kann ich ihnen ohne weiteres sagen: »Mittags hab ich bemerkt, daß ich keine Milch hatte, ich habe im Garten gearbeitet, es ist ja schönes Wetter, haben Sie gesehen, dann hab ich vergessen herzukommen, also entschuldigen Sie bitte, ich hab grad das und das gemacht, als ich gesehen habe, wieviel Uhr es ist«, usw. Ich weiß, die Leute haben anderes zu tun als mir zuzuhören... (Lachen), Aber es ist unwiderstehlich, manchmal kann ich mich nicht bremsen.

Ich muß folgendes sagen: diese eigentlich nicht wiedergutzumachenden Zwischenfälle beim Reden unterlaufen mir sehr selten mit Leuten, die Ideen im Kopf haben, mit Schriftstellern und anderen. Manchmal sehne ich mich nach einer gewissen Art zu denken, aber nie nach Ideen, ich sehne mich nie nach Ideen, ich habe lange mit Leuten, die Ideen hatten, zusammengelebt, ich wurde oft gescholten, zensiert, ich habe jede Menge Ratschläge und Vorwürfe entgegennehmen müssen. Wonach ich mich jetzt sehne, ist nur Freiheit, jede Freiheit; die Freiheit des Denkens ist davon ein Teil.

Michelle Porte

Im Film kehren gewisse Themen immer wieder.

Marguerite Duras

Es gibt eine ständige Präsenz von Themen, ja. Ich weiß nicht recht, warum sie ganz regelmäßig wiederkehren. Der Wind zum Beispiel. Das Meer. Das jüdische Kind.

Michelle Porte

Mir gefallen diese ganzen physischen Notate des Films sehr, wenn sie vom Wind, von der Geographie der Landschaften sprechen...

Marguerite Duras

Wenn ich vom Land des Windes spreche, wo kein Baum stehenbleibt, wo alle Bäume umgebracht werden, knüpfe ich sicher an ein bestimmtes Motiv an, aber es ist verschoben. Ich habe soeben den Text für die Veröffentlichung bereit gemacht, und ich sehe, daß ich die ganze Zeit vom Wind spreche, auch vom Meer, von weitem und von nahem, immer stark präsent wie eine Art konstantes mentales Bild, ich stelle mir vor, das Meer wird kommen, es wird in seiner Reinheit alles verschlingen, ich glaube, das ist es, der Wind und das Meer, weil es für mich der Meereswind ist.

Michelle Porte

Und da erinnert man sich abermals an »La femme du Gange«. Für Sie ist die Landschaft am Ende, oder auch am Anfang der Welt, das Meer. Das ist eine Konstante in Ihren Filmen und Ihren Büchern. In diesem Film, wo man es nie sieht, ist es dennoch ständig gegenwärtig.

Marguerite Duras

Die im Auchan-Supermarkt gedrehten Aufnahmen, in der Industriezone von Plaisir, nachts, blau, man könnte es für Wasser halten, ich sehe es wie eine Aufnahme unter Wasser. Von dorther kommt die Frau im Lastwagen. Es ist der Ort der absoluten Platitüde, der tödliche Ort, dieses Plaisir und Yvelines. Von diesem Ort aus erfindet sie ihr Leben jeden Tag neu.

Michelle Porte

Und wählen Sie diese Landschaft, um das Gespräch…

Marguerite Duras

…auf meine Zeitgenossen zu bringen? Ja. Nicht nur die Frau des Lastwagens gehört keiner Klasse mehr an: der Film hat seine Klasse verloren. Man wird mir nicht sagen können: Du sprichst über einen Ort, den nur die Bourgeoisie kennt. Über diese Örtlichkeiten kann beim heutigen Informationsstand jedermann sprechen. Jedermann kann sehen, was ich sehe. Ich habe das Gefühl, in diesem Film denselben Kenntnisstand zu haben wie jedermann. »Der Lastwagen« sollte meiner Ansicht nach in den großen Kinos herauskommen. Nicht nur im 5. Arrondissement.

Michelle Porte

So wie der Film gemacht ist, erzählt er ganz volkstümlich, in der Tradition der Erzähler, jedermann hat Zugang dazu, es geht jedermann was an.

Marguerite Duras

Ich habe Ihnen von den Geschichten meiner Mutter erzählt, den Geschichten, die sie erzählte. Sie erzählte mir, ihre Tante sei mit dem Pferdewagen auf den Markt nach Arras gefahren, um Hörnchen und Brötchen zu verkaufen. Sie nannte mir alle Namen der durchquerten Dörfer und daß ihre Tante auf die Felder gegangen sei und mit Leuten, die sie angetroffen habe, geschlafen habe, unter ihrem Pferdewagen, und daß ihre Familie auf sie wartete. Ich habe oft an diese Frau gedacht. Ich kenne die Stelle, die großen Getreideebenen, hin und wieder ein Gebüsch, und ich sehe die Frau allein in ihrem Pferdewagen. Sobald sie einen schönen Kerl sah, wurde es unwiderstehlich, sie vögelte. Und meine Mutter erzählte mir das als die Familienschande, als etwas, das man verbergen mußte. Für mich aber war das Leben stärker als alles, und was sich daraus ergab, habe ich sogleich begriffen. Wenn Henri mir eine Geschichte erzählt – er ist ein wunderbarer Erzähler, Sie haben es bemerkt – vergesse ich sie nicht; nachdem Sie mir die Geschichte Ihrer Großmutter erzählt haben, habe ich sie nie vergessen. Vielleicht bleibt das am stärksten im Gedächtnis haften, was über die Sprache läuft, über eine Person.

Michelle Porte

Warum haben Sie im »Lastwagen«, und das ist sicher auch eine Stärke des Films, für die Ihnen zugedachte Rolle keine Schauspielerin genommen?

Marguerite Duras

Na wissen Sie, wenn ich mir's recht überlege, bin ich erleichtert, weil ich jetzt, wo der Film beendet ist und ich nicht mehr zurück kann, den Eindruck habe, ich sei sehr sehr großen Gefahren entgangen, der Gefahr der Schauspielerei und der Gefahr eines fiktionalen Films, wie man ihn gewöhnlich versteht, will sagen, mit einem Schauspieler und einer Schauspielerin, ausgewählt fürs Spielen ihrer Rollen. Dem bin ich mit knapper Not entgangen. Plötzlich haben mir meine Produzenten gesagt: »Alles bereit, wir drehen.« Da bin ich einfach ins Wasser gesprungen. Ich sagte mir, mit den zehn Millionen der Gaumont – sie haben mir zehn Millionen gegeben – was riskier ich da schon? Ich habe den Film gedreht, indem ich mir sagte: Wenn die Arbeitskopie nicht gut ist, werden wir gerade bei zehn Millionen angelangt sein, dann stellen wir keine Nullkopie her. Unter diesen Bedingungen habe ich den »Lastwagen« gemacht. Alle meine Filme werden so gemacht, mehr oder weniger, dieser da mehr. Die zehn Millionen der Gaumont sind mir Wurscht. Das habe ich zu mir selber gesagt. Und dann fing es allmählich an zu funktionieren, ich fühlte wieder die Leidenschaft, die ich für »Son nom de Venise« und für »India Song« empfunden habe.

Michelle Porte

Ich glaube, wir haben schon darüber gesprochen, aber ich sehe zum erstenmal einen Film, der dem Zuschauer eine derartige Freiheit läßt.

Marguerite Duras

Ja, es spielt sich in Ihnen selbst ab, da vor der Leinwand.

Michelle Porte

Absolut. Die Frau im Lastwagen sind nicht Sie, aber ist sie ein Stück von Ihnen, Marguerite?

Marguerite Duras

Zweifellos ist sie auch ich, ebenso wie ich alle anderen Frauen sein kann.

Michelle Porte

So ist es im Film, glaube ich, Sie sprechen von sich wie von einer anderen.

Marguerite Duras

So weit bin ich doch wenigstens gekommen, daß ich von mir selber wie von einer anderen rede, mich für mich selbst wie für eine andere interessiere. Daß ich mit mir selber rede, vielleicht, ich weiß nicht. Weil die Angst, die ich zwanzig, dreißig Jahre meines Lebens vor dem Wahnsinn gehabt habe, mir hier gar keine

Angst mehr macht, sondern im Film enthalten ist. Da ist sie. Dreißig Jahre lang habe ich vor dem Wahnsinn größere Angst gehabt als vor dem Tod, na, vor beiden gleich stark, und hier, hier ist die Angst verschwunden. Ich kann das sogar von außen sehen.

Michelle Porte

Im Film sagen Sie: »Komisch, die Produkte... die Menschen... das häuft sich eben so an, und hin und wieder verschwinden sie, gehen sie nach draußen, da entstehen die verschiedenen Geschichten.« Sie sagten mir, Sie hätten diesen Satz zum Thema des Schreibens geschrieben.

Marguerite Duras

Ja, ich habe gesagt, es gibt nichts außerhalb des Erlebten, man schreibt immer über sich selbst, aber von Zeit zu Zeit lösen sich kleine Stücke ab, die andere Geschichten erzeugen wie auf Irrwegen, Partikel, Teilchen, der Ausdruck paßt besser, und eigentlich mache ich keinen strengen Unterschied; ich sehe sehr wohl, wie ich hinausschaue, während ich reise, ich mache nur einen ungenügenden Unterschied zwischen Mensch und Materie, ich unterscheide nicht scharf. Ich kann mit einem Objekt Mühe haben, das kann mir oft passieren. Wenn ich zum Beispiel jetzt an mein Haus in Neauphle denke, dann schmerzt es mich, weil es leersteht... alles im Film ist materialistisch.

Michelle Porte

Ganz und gar.

Marguerite Duras

Meine Art, Tiere zu lieben zum Beipiel, die Achtung, die ich vor Tieren habe. Ich glaube nicht, daß ich mehr Achtung für Menschen habe, wissen Sie, für Menschen habe ich vermutlich ebensoviel Achtung, aber auch für die Bäume... Als man den Wald von Neauphle abgeholzt hat, bin ich eines Samstags hingekommen, ich wußte nicht, daß man vier Hektar abgeholzt hatte, ich habe den Wagen angehalten: ich fühlte mich hilflos. Sie hatten ohne Baubewilligung abgeholzt, sie haben vielleicht dreihundert sechshundertjährige Eichen gefällt. Ich konnte mich nicht mehr rühren, ich war völlig gelähmt von diesem Horror, als hätte man jemanden vor meinen Augen getötet. Na, es kommt auf das heraus, was man von der Bardot gesagt hat, ich finde es grauenvoll, daß man ihr vorwirft, Tiere zu lieben... Ich mache keinen Report über die Tiere, Tiere und der Rest, alles ist das gleiche. Es ist diese Liebe, die an die Stelle Gottes tritt. Das Ende der Religion, ohne Bevorzugte, ohne Hierarchie.

Michelle Porte

Zweifellos, das glaube ich Ihnen.

Marguerite Duras

Für mich sind meine Cayenne-Hühner wie Paradiesvögel. Mensch, wie ich sie liebe! Ich kann sie eine Stunde lang beobachten und Außerordentliches sehen, von dessen Existenz ich überzeugt bin, ich bilde es mir nicht nur ein; fast schon ein Sprechen zwischen dem Hahn und den beiden kleinen Hennen.

Im »Lastwagen« hat alles diese Wichtigkeit. Die massakrierte Erde schmerzt mich ebenso wie das massakrierte Proletariat, und wenn sie sagt: »Pracht einer eingewanderten Erde«, dann rede ich nicht nur von den Einwohnern, sondern von der Erde, die emigriert ist, mit allen Menschen darauf, Portugal nach Frankreich, alles.

Michelle Porte

Gab es einen Drehtag in Chartres?

Marguerite Duras

Ja. Ich habe die Einstellungen zusammenmontiert, sie aber nicht drinbehalten – es war hervorragend –, weil die Gewalt der zerstörten eingewanderten Erde derartig ist, ihre aktuelle Bedeutung so, daß sie alles andere auslöscht, so schön es auch sein mag. Hier geht es nicht um Schönheit. Und dann liegt da andrerseits die ganze Zeit eine Leere über den Bildern dieser Welt. Die Bilder sind immer zweigeteilt. Unten ist das Bild, oben der winterliche Himmel. Chartres aber hat die ganze Leinwand ausgefüllt.

– Ich hatte es so gewollt: Chartres einfach so vorzeigen, ohne eine Verbindung zur Außenwelt: Die Kamera zeigte nur Stein.

Michelle Porte

Dieses Außenwelt-Bild ist wie die Sprache im Film, völlig offen.

Marguerite Duras

Aber ich bin sicher, man kann vom »Lastwagen« ausgehend Filme drehen. Es gibt schon so was ähnliches in »Eden Valse«, die Figuren sind gleichzeitig an- und abwesend. Die Mutter ist anwesend: Man berührt sie, kann sie berühren, aber gleichzeitig steckt sie in einer Art zeitloser Dauer ihrer selbst, sie verstreicht, wenn Sie so wollen.

Michelle Porte

Ihre Tochter und ihr Sohn erzählen ihre Geschichte in

ihrer Gegenwart. Man darf annehmen, die Mutter sei schon tot.

Marguerite Duras

Das kann man unbedingt annehmen. Sie spielt ja auch ihren Tod.

Michelle Porte

Das aber hat bereits in »India Song« angeklungen, Delphine Seyrig spielte Anne-Marie Stretter doch mehr, als daß sie Anne-Marie Stretter war.

Marguerite Duras

Seltsam, das alles, woher man das hat, ich weiß nicht, vielleicht weil man all dessen, was man gehört, gesehen hat, überdrüssig geworden ist...

Michelle Porte

Ich glaube, was mir am »Lastwagen« so gut gefällt: Daß gleichzeitig von allem die Rede ist.

Marguerite Duras

Der Aspekt des Überschäumens?

ENDE

Bertolt Brecht
im Suhrkamp Verlag und
im Insel Verlag

Gesammelte Werke. Dünndruckausgabe in acht Bänden. Herausgegeben vom Suhrkamp Verlag in Zusammenarbeit mit Elisabeth Hauptmann. Leinen und Leder

Band I: Stücke 1. Stücke 1918-1931
Band II: Stücke 2. Stücke 1931-1945
Band III: Stücke 3. Stücke bis 1956. Bearbeitungen, Einakter, Fragmente
Band IV: Gedichte 1913-1956
Band V: Prosa 1
Band VI: Prosa 2
Band VII: Schriften zum Theater
Band VIII: Schriften zur Literatur und Kunst, Politik und Gesellschaft
Supplementband I: Texte für Filme 1920-1956
Supplementband II: Gedichte aus dem Nachlaß 1913-1956

Werkausgabe in zwanzig Bänden. Diese Ausgabe ist textidentisch mit der achtbändigen Leinenausgabe. Leinenkaschiert
– Supplementbände zur Werkausgabe. Leinenkaschiert

Arbeitsjournal 1938-1955. Herausgegeben von Werner Hecht. 3 Bände. Leinen
– Arbeitsjournal 1938-1955. 2 Bände. Leinenkaschiert

Briefe. Herausgegeben und kommentiert von Günter Glaeser. 2 Bände. Leinen

Tagebücher 1920-1922. Autobiographische Aufzeichnungen 1920 bis 1954. Herausgegeben von Herta Ramthun. Leinen, kartoniert und es 979

Versuche. 4 Bände in Kassette

Erste Gesamtausgabe in 41 Bänden von 1953 ff.:
Die Einzelbände dieser Ausgabe sind nur noch teilweise lieferbar, sie werden nicht mehr neu aufgelegt, da der Text für die Gesammelten Werke 1967 nochmals revidiert wurde.

Einzelausgaben:
– Aufstieg und Fall der Stadt Mahagonny. es 21
– Ausgewählte Gedichte. es 86
– Ausgewählte Gedichte Brechts mit Interpretationen. Herausgegeben von Walter Hinck. es 927
– Baal. Drei Fassungen. Kritisch ediert und kommentiert von Dieter Schmidt. es 170
– Baal. Der böse Baal der asoziale. Texte, Varianten und Materialien. es 248

11/1/4.86

Bertolt Brecht
im Suhrkamp Verlag und
im Insel Verlag

- Bertolt Brechts Dreigroschenbuch. Herausgegeben von Siegfried Unseld. 2 Bände. st 87
- Bertolt Brechts Gedichte und Lieder. Auswahl von Peter Suhrkamp. BS 33
- Bertolt Brechts Hauspostille. Gedichte. Mit Gesangsnoten. BS 4
- Bertolts Brechts Hauspostille (1927). Bibliothek deutscher Erst- und Frühausgaben in originalgetreuen Wiedergaben. Herausgegeben von Bernhard Zeller (Insel Verlag)
- – Mit Radierungen von Chr. Meckel. it 617
- Buckower Elegien. IB 810
- Das Badener Lehrstück vom Einverständnis. Die Rundköpfe und die Spitzköpfe. Die Ausnahme und die Regel. Drei Lehrstücke. es 817
- Das große Brecht-Liederbuch. Herausgegeben und kommentiert von Fritz Hennenberg. 3 Bände im Schuber. Leinen
- Das Verhör des Lukullus. Hörspiel. es 740
- Der aufhaltsame Aufstieg des Arturo Ui. es 144
- Der Brotladen. Ein Stückfragment. Die Bühnenfassung und Texte aus dem Fragment. Herausgegeben von Manfred Karge und Matthias Langhoff. es 339
- Der gute Mensch von Sezuan. es 73
- Der Jasager und Der Neinsager. Vorlagen, Fassungen und Materialien. Herausgegeben und mit einem Nachwort versehen von Peter Szondi. es 171
- Der kaukasische Kreidekreis. es 31
- Der Ozeanflug. Die Horatier und die Kuriatier. Die Maßnahme. es 222
- Der Tui-Roman. Fragment. es 603
- Die Antigone des Sophokles. Materialien zur ›Antigone‹. es 134
- Die Bibel und andere frühe Einakter. BS 256
- Die Dreigroschenoper. es 229
- Die Gedichte in einem Band. Leinen
- Die Geschäfte des Herrn Julius Caesar. es 332
- Die Gesichte der Simone Machard. es 369
- Die Gewehre der Frau Carrar. es 219
- Die heilige Johanna der Schlachthöfe. es 113
- Die Maßnahme. Kritische Ausgabe mit einer Spielanleitung von Reiner Steinweg. es 415
- Die Mutter. Leben der Revolutionärin Pelagea Wlassowa aus Twer. es 200
- Die Tage der Commune. es 169

11/2/4.86

11/3/4.86

Bertolt Brecht im Suhrkamp Verlag und im Insel Verlag

- Über die irdische Liebe und andere gewisse Welträtsel in Liedern und Balladen. Auswahl Günter Kunert. Illustrationen von Klaus Ensikat. Mit einer Schallplatte, besungen von Helene Weigel und Bertolt Brecht. (Insel Verlag)
- Über experimentelles Theater. Herausgegeben von Werner Hecht. es 377
- Über Lyrik. es 70
- Über Politik auf dem Theater. Herausgegeben von Werner Hecht. es 465
- Über Politik und Kunst. Herausgegeben von Werner Hecht. es 442
- Über Realismus. Herausgegeben von Werner Hecht. es 485

Bertolt Brecht singt. Die Moritat von Mackie Messer. Lied von der Unzulänglichkeit menschlichen Strebens. Schallplatte

Materialien zu Brechts Werk:
- Brechts ›Aufhaltsamer Aufstieg des Arturo Ui‹. Herausgegeben von Raimund Gerz. stm st 2029
- Brechts ›Buchower Elegien‹. Mit Kommentaren von Jan Knopf. es 1397
- Brechts ›Gewehre der Frau Carrar‹. Herausgegeben von Klaus Bohnen. stm. st 2017
- Brechts ›Guter Mensch von Sezuan‹. Herausgegeben von Jan Knopf. stm. st 2021
- zu ›Der gute Mensch von Sezuan‹. es 247
- zu ›Der kaukasische Kreidekreis‹. es 155
- zu ›Die heilige Johanna der Schlachthöfe‹. es 427
- Brechts ›Mann ist Mann‹. Herausgegeben von Carl Wege. stm. st 2023
- Die Rundköpfe und die Spitzköpfe. Bühnenfassung. Einzelszenen, Varianten. Herausgegeben von Gisela Bahr. es 605
- Brechts ›Leben des Galilei‹. Herausgegeben von Werner Hecht. stm. st 2001
- zu ›Leben des Galilei‹. es 44
- Brechts Lyrik. Herausgegeben von Jan Knopf. stm. st 2071
- Brechts ›Mutter Courage und ihre Kinder‹. Herausgegeben von Klaus-Detlef Müller. stm. st 2016
- zu ›Mutter Courage und ihre Kinder‹. es 50
- zu ›Die Mutter‹ (nach Gorki). Zusammengestellt von Werner Hecht. es 305
- Brechts Romane. Herausgegeben von Wolfgang Jeske. stm. st 2042

11/4/4.86

Bertolt Brecht
im Suhrkamp Verlag und
im Insel Verlag

– zu ›Schweyk im zweiten Weltkrieg‹. Herausgegeben von Herbert Knust. es 604
– Brechts ›Tage der Commune‹. Herausgegeben von Wolf Siegert. stm. st 2031
– Brechts Theorie des Theaters. Herausgegeben von Werner Hecht. stm. st 2074

Bertolt Brecht. Sein Leben in Bildern und Texten. Herausgegeben von Werner Hecht. Gestaltet von Willy Fleckhaus. Leinen
– Leben Brechts in Wort und Bild. Von Ernst und Renate Schumacher. Leinen

Bertolt Brecht – Leben und Werk in Daten und Bildern. Herausgegeben von Werner Hecht. it 406

Brecht im Gespräch. Diskussionen, Dialoge, Interviews. Herausgegeben von Werner Hecht. es 771

Brecht in Augsburg. Erinnerungen, Texte, Fotos. Eine Dokumentation von W. Frisch und K. W. Obermeier. st 297

Auf Anregung Bertolt Brechts: Lehrstücke mit Schülern, Arbeitern, Theaterleuten. Herausgegeben von Reiner Steinweg. es 929

Brechts ›Kreidekreis‹, ein Revolutionsstück. Eine Interpretation von Betty Nance Weber. Mit Texten aus dem Nachlaß. es 928

Brechts Modell der Lehrstücke. Zeugnisse, Diskussion, Erfahrungen. Herausgegeben von Reiner Steinweg. es 751

Brecht-Journal. Herausgegeben von Jan Knopf. es 1191

Brecht Journal 2. Herausgegeben von Jan Knopf. es 1396

11/5/4.86

suhrkamp taschenbücher
Eine Auswahl

2/1/8.86

2/2/8.86

2/3/8.86

2/4/8.86

2/5/8.86

2/6/8.86

2/7/8.86